我们这样做生本教育

管理篇

乐理明 编著

·广州·

图书在版编目（CIP）数据

我们这样做生本教育. 管理篇/乐理明编著. —广州：华南理工大学出版社，2017.8（2019.10重印）
 ISBN 978-7-5623-5348-5

Ⅰ.①我… Ⅱ.①乐… Ⅲ.①小学教育-教育管理-研究 Ⅳ.①G627

中国版本图书馆 CIP 数据核字（2017）第 175807 号

Women Zheyang Zuoshengben Jiaoyu · Guanlipian

我们这样做生本教育·管理篇
乐理明 编著

出 版 人：	卢家明
出版发行：	华南理工大学出版社
	（广州五山华南理工大学17号楼，邮编510640）
	http：//www.scutpress.com.cn　E-mail：scutc13@scut.edu.cn
	营销部电话：020-87113487　87111048（传真）
责任编辑：	黄冰莹
印 刷 者：	虎彩印艺股份有限公司
开　　本：	787mm×960mm　1/16　印张：11.75　字数：231千
版　　次：	2017年8月第1版　2019年10月第2次印刷
定　　价：	38.00元

版权所有　盗版必究　　印装差错　负责调换

"我们这样做生本教育"编委会

顾　问：郭思乐
主　编：乐理明
编　委（按姓氏笔画）：
　　　刘　迅　许敏妮　麦颖秀　肖灿灿　李晓华　吴双法
　　　吴红英　吴姝俐　何小平　陈小凤　陈天兰　郑海薇
　　　郭淑珺　黄智彪　裴崇武　缪　娟

序

骏景小学的"我们这样做生本教育"系列书就要出版了,主编要我写个序,我是十分乐意的。

在广州市天河区中山大道骏景花园的大门口,你会看到有几匹奔腾骏马的雕塑,气概豪迈,气势雄浑,骏景小学就坐落在这里。学校建校15年,势如奔马,发展极快,与华阳小学、八一实验小学、广外附属小学、珠村小学、龙口西小学等校一起成为闻名遐迩的名校。

骏景小学15年来坚持生本教育,取得了优秀的办学成就。无论是在前任陈武校长还是在现任乐理明校长的领导下,生本教育这"一条红线"贯穿,着力培养人的素养,为孩子进入高一级年段打下了良好的基础,为社会所欢迎。

2016年,在有105 000人参与的广州市中考的前十名中,骏景小学张眼芳老师的班就占了四名,其中含"状元"简玥。这意味着什么?这意味着这些孩子,不仅仅是某一个学科了得,而是全面素养的提升;不仅仅是一个小的群体,而是全体得以提升,形成巨大的优秀群体;不是重复走过去的学业道路,而是形成了一种现代化的,只有现代化城市中心才能出现的一种发展格调,无愧于广州天河,无愧于我们19年来生本教育的坚持。

"状元"简玥会写小说,她写了50万字,有一万多名读者。其同班也有一个同学,三年级就会写小说了,她叫刘郭舜燃,其得益于使用生本教育语文实验教材(人民教育出版社出版),小学一年级时就认识了2000字,开始了大阅读。这孩子的妈妈告诉她,写小说并不难,只要把历史看懂了,用自己的话写出来,就是纪实小说了,像易中天写《品三国》,又像当年明月写《明朝那些事儿》一样。孩子一下子就领会了,写出了《李白传》。2016年她没有参加中考(否则她极有可能高踞前十名),而是选择去美国修习,跟随著名的导演和剧作家赖声川学写剧本。这样的例子不少,令人高兴的就是孩子们在骏景小学普遍茁壮成长、天天向上。

十几年来，骏景小学在语文、数学、英语以及各个学科的改革中都做了许多工作，积极践行生本教育的思想理念，教学水平不断提高。特别可喜的是，和各个生本教育名校一样，骏景小学认真总结工作，老师们有多篇文章刊登在教育部主办的《人民教育》等杂志上，许多教师获得各类奖项，成长为生本教育的指导专家，受到了实践生本教育实验学校师生的欢迎。今天他们总结的各种做法，结集出版成书，很有意义。

生本教育正在前进，未来还会带给我们许多新东西。骏景小学总结的经验，也还需要不断完善，但它带来的很多启发，值得借鉴，对提高生本教育的理解水平和操作水平，有巨大的促进作用。感谢他们！感谢劳苦功高的陈武校长，感谢再接再厉不断前行的乐理明校长和全体师生们！

郭思乐

生本教育创始人，享受国务院特殊津贴专家，原广东省教育科学研究所所长，
华南师范大学教育科学研究所所长，华南师范大学博士生导师、教授

2017 年 7 月

自 序

在这本凝聚学校管理者的理念和思考的书籍即将出版之际,正好临近一学年的期末总结阶段,笔者也在思考一年来学校发展的特色和本年度重点思考与所做的工作。骏景小学在总结多年的办学经验和成效的基础上,近两年来提出了"平安平和,生本生长"的工作思路,着力践行"以学生为本,为生命奠基"的办学理念,围绕新的校训"善恕慧雅,生生日新"做教育,提出了"五园六化"的办学目标,致力打造独具特色的生本学园。目前,学校已成为全国生本教育的一面旗帜,无论从课堂教学和学校管理,始终践行着以生本为核心的理念。特别是最近学生取得的一系列成绩,令学校呈现出蓬勃的生机。下面笔者就近学年的工作特色,从三个方面做了总结,以此作为本书的自序。

1. 践行校训,助推雅慧师生成长成功

校训是德目,不是科目。学校把校训文化与"生本文化"相结合进行拓展,把"校训"与环境建设、教师成长、学生进步融为一体。围绕校训做"德育"。学生开展"雅慧少年"评选系列活动,教师开展"立三尺讲台,做慧雅教师"为主题的师德师风教育活动。用活动引领学生的成长,让课堂成为师生思想交汇的场所,把讲坛搭建成教师成功的平台。

比如,最近一年来,学校通过开展"走生本大道,做雅慧少年,绘七彩童年"系列活动,近九成的学生在各类活动和比赛中获奖或展现自己,呈现出雅慧少年的生命活力和生命精彩。教师也在"慧雅教师"的系列"修行"活动中脱颖而出,有两名教师被选为广州市"百千万人才培训对象",两名教师申报广州市名教师,一名教师申报广州市特级教师,校长申报广州市名校长,两名副校长参加区正校级干部的遴选,不管结果如何,这说明学校一批教育教学骨干在努力向上积极进取之中。还有两名教师在教育部2015—2016年度"一师一优课、一课一名师"活动中被省厅评为部优，两名教师的课程被评为省级优质课，二十多名教师的课程评为市、区优质课，十多名教师受生本研究中心的邀请，被委派到全国各地生本学校去上课讲学。

2．"少就是多"，引领生本教育蓬勃发展

生本教育教学中，我们遵循的教育哲学是"少就是多"。教学时间少，学生自由安排的时间就多；考试少，教与学的主动性高；压力少、竞争少，合作就多；教得少，学得多。这就是笔者所信奉的教育哲学。

近一学年来，很多同行到我校学习生本教育的课堂教学和生本管理经验，学校接待了来自全国生本研究中心组织的生本研修班10多次，到学校参观、蹲点、听课交流2000多人次。2017年5月，天河区教育学会组织了天河校长高端论坛，笔者代表学校以"校长要带着理念上路"为主题，在全区中小学校长论坛大会上做发言。2017年6月13日，学校成功举办了天河区综合实践活动现场会，为全区展示了学校的综合实践课例和小社团活动现场，赢得了同行和教研员的高度肯定。

3．"数字理念"，推动学校管理上台阶

骏景小学在管理上推崇管理数字经。通过"一二三四五六"的数字管理思路（正文中介绍）进行顶层设计，高屋建瓴地引领学校高位发展。

成功有个不二原则，即坚持做一两件事，矢志不渝，终有成效。教育也有"一二三四五六"的法宝，坚持自己的办学思想，坚定走自己的路，坚持不懈不折腾，一年如此，年复一年，学生一定会有收获，教师一定会成长，学校一定会成功。

乐理明

2017年6月

目 录

第一章　生本教育溯源 ……………………………………………… 1
　　一、生本骏景启程四年探路 ………………………………………… 1
　　二、生本管理十七年坚定历程 ……………………………………… 6

第二章　生本教育的校本解读 ……………………………………… 10
　　一、生本教育理念 …………………………………………………… 10
　　二、骏景小学的办学思想 …………………………………………… 21

第三章　生本德育师说 ……………………………………………… 28
　　一、学校德育创新的思考和实践 …………………………………… 28
　　二、教师师德新说 …………………………………………………… 29
　　三、生本德育的巧思考 ……………………………………………… 30
　　四、从快乐教育看德育的本质 ……………………………………… 31

第四章　生本管理悟道 ……………………………………………… 42
　　一、学校 ……………………………………………………………… 42
　　二、班级 ……………………………………………………………… 58
　　三、校长 ……………………………………………………………… 65
　　四、教师 ……………………………………………………………… 81
　　五、学生 ……………………………………………………………… 98
　　六、课堂 ……………………………………………………………… 110
　　七、课程 ……………………………………………………………… 119
　　八、体育 ……………………………………………………………… 124
　　九、信息 ……………………………………………………………… 126
　　十、科研 ……………………………………………………………… 127
　　十一、学校文化 ……………………………………………………… 128
　　十二、环境文化 ……………………………………………………… 130

第五章　生本教育实践与探索 ……………………………………… 132
　　一、立在地上做生本 ………………………………………………… 132
　　二、依托生本做教育 ………………………………………………… 167
　　三、站在高处论生本 ………………………………………………… 172

第一章 生本教育溯源

一、生本骏景启程四年探路

骏景小学是2002年创办的一所新校,2003年9月,加入了全国教育科学"十五"规划教育部重点课题——生本教育的理念和实践研究行列。校长亲自挂帅,成立了实验小组,遵循"一切为了学生、高度尊重学生、全面依靠学生"的教育理念,立足校本培训,依托教育科研,制订了周密的实验计划。尽管生本教育课题开展仅三年,但硕果累累:学校的教育科研气氛浓郁,人人主动参与课题实验;教师转变角色,课堂上充满人文关怀,学生的童心、童真、童趣自由绽放,学习兴趣前所未有地高涨。近三年,学校师生在全国、省市区各级各类比赛中共获奖180人次,论文发表65人次,出版校本教材2本(套)、师生作品集10本;我校教师向全省各地的参观交流团体共上研讨课80多节,听课人数达到3000多人次,来自全国各地的专家对我校的课题研究给予了高度评价,一致认为我们的教育教学改革真正实现了以学生为主体,把学习的主动权还给学生,使学生真正成为学习的主人。而这一切归功于学校坚持生本教育研究,坚持以教育科研促学校改革和发展的办学思路。

(一)以学生发展为本,提高课堂教学效益

我们始终坚信,儿童是天生的学习者,人人可以创造,潜力无限,应还学生学习的主动权,应创设各种平台,给学生以自我表现的机会,让学生的潜能得到发掘,个性得以彰显。学生的一切活动就在这样的理念下成功地开展,鼓励孩子们"先会后学""先学后教",教师们都能有针对性地布置趣味性浓、目的性明确、挑战性大、可操作性强的前置性研究作业,其效果大大超越传统的预习,充分调动了学生的自主学习热情,增强了参与课堂的热情,提高了对知识进行自我感受的能力,为成功的课堂教学做好铺垫。

在课堂上,立足学生的实际,采取"以学定教"策略,较好地解决了"教什么"和"怎么教"的问题,较好地改变了以往课堂教学以知识传授为主,以教师为中心的模式,实现了"以学生的学为中心""教师为学生的学提供服务"的课堂模式,学生已经掌握的知识没必要再教。正如我们喝水一样,喝水是人的本能,小孩从小就会喝水。如果我们用传统的教育思想去教孩子喝水,势必要把喝水的本领编成N章,第一章是教孩子学会顺时针和逆时针(否则孩子不

会打开（或盖上）水瓶盖）；第二章是教孩子把水瓶举至一定高度，离嘴唇多远；第三章……有些章节孩子不一定能学好，经过一系列严格培训后，孩子们不一定能喝到水。所以，我们认为并不是教师教得越多孩子就会学得越好。正因为我们坚持"一切为了学生、高度尊重学生、全面依靠学生"的教育理念，学校的绝大多数课堂都呈现了融洽、和谐、平等、民主、活跃的氛围，让学生在情感、思维、意识、动作等方面积极、主动、愉悦地参与学习的全过程。

在课堂上，我们运用小组交流的学习方式，各成员在小组内都有机会展示自己。课堂的确是由"一言堂"变成了"群言堂"，师生一起学习、一起讨论、一起寻找问题的答案，激情四溢，教学皆愉快；是生命的课堂，因为每个孩子都在这里得到了尊重，得到了信任；是生活的课堂，因为少了原有课堂的森严，多了浓浓的生活气息；是生成的课堂，因为整个课堂都处于一种动态生成之中；是生动的课堂，因为学生的参与度是那么的高昂，他们是那么积极地投入；是生态的课堂，因为学生、教师、知识三者互相激荡，师生精神生命得以振奋，生命质量得以提升，知识得以拓展。学生在课堂上发现着自我，发展着自我，充实着自我，也超越着自我。

实践证明，只要广大教师坚持以学生发展为本的理念，课堂教学定能呈现新的生命力。2004年12月，刚参加"生本"课题实验才一年的骏景小学被指定为两岸四地"教育激扬生命"生本教育研讨会分会场学校，我校开放的所有公开课均受到与会专家的高度好评。2006年6月，应香港教育交流中心的邀请，我校三年（3）班的全体师生、家长赴香港进行教学交流。师生们的出色表现，深受香港同行、家长的高度赞赏。在一次家长开放日上，家长对课堂教学发出如下感慨："听了老师的公开课后，我非常感动，也非常羡慕，现在的孩子能得到这么好的教育。我完完全全放心地将孩子交给老师，交给学校，让他接受良好的教育……"

（二）以学生发展为本，促进学生全面综合、有个性地发展

1. 开设活动课，充分发展兴趣

活动课是课堂教学的延伸，是实现学生全面综合、有个性地发展的重要途径，为了培养学生多方面兴趣，提高学生的综合素质，我校从学生的个人兴趣和意愿出发，每周二下午第三节课，开设了舞蹈、歌咏、插花、剪纸、画画等40多个兴趣特长班，内容丰富，涵盖了文、体、美、劳动、科技等各方面的内容，同时由我校有专长的教师任教，使每个学生学有所好、学有所长，兴趣、特长得到了良好的发展。其中，连续两年，我校学生参加全国少年儿童科学体验活动获国家铜奖，多名学生获市金、银、铜奖，学校被评为全国少年儿童科

学体验活动"试点学校"。

2. 开展常规活动，张扬学生个性

每天清晨的早操、自编操及大课间活动成为学生享受快乐每一天的起点。孩子们在优美的音乐声中伸展着自己有力的臂膀，做着有别于他校的充满创意、富有个性的自编操，这是一件多么自豪的事！不仅如此，我校的自编操、课间操还连续两年代表天河区参加广州市的评比。

为了强化学生在学校的自我管理意识，学校、各班级还经常创设各种机会，让学生寻找自我体验的岗位，扮演一个角色，提升自我管理能力。例如：班级小干部选举，往往采取民主选举，实行了轮换机制，使更多的队员参与中队管理。在大队部人才招聘会上，同学们自己设计招聘公告，经过自我推荐—培训—演讲—特长展示—选举等环节产生广播站、护卫队、大队部等负责人。护卫队员实行轮岗制，各个护卫队员积极活跃在操场、走廊、校门口等地方，实现孩子们的自我管理。

3. 开展主题活动，促进良好行为习惯的养成

每学年，学校均开展丰富多彩、行之有效的主题活动，从而加强了学生日常行为规范养成教育的力度。首先结合本校实际、结合重大节日及纪念日，开展一系列如科技活动月、读书月、环保月、感恩月等集教育性、趣味性、时代性、实践性为一体的活动，做到月月有重点，周周有活动。以丰富多彩的体验教育活动为载体，突破了以往单一的文娱表演形式，做到了人人能参与，既拓宽学生的活动领域，又让孩子们能正确地认识自己，看到自己的优缺点，通过自我调控，保持健康的心理状态，养成良好的行为习惯，同时在活动中受到教育，在活动中认识自我。这些活动培养了孩子们自主自立的意识，起到了很好的教育效果，促进了少年儿童全面健康成长。例如：在学校开展的"齐齐行动　共建节约型校园"主题活动中，全体同学、教师、家长都踊跃参加"节约好箴言、节约好建议、节约好习惯"征集活动，共收集到节约好箴言、好建议2000多条，而且同学们用行动向家长宣传废品回收、节约资源的重要意义，使广大家长也参与到活动中来。同学们还利用课余时间走进社区，通过形式多样的表演，如诗歌朗诵、讲环保故事、唱环保歌曲、举行环保时装秀等形式，同时将全校同学收集的环保箴言、建议、好习惯等制作成宣传单在社区进行派发，宣传节约、讲环保的重要性。活动吸引了众多的爷爷、奶奶、弟弟、妹妹以及路过的人们，我们看到了一个孩子带动一个家庭，一个家庭带动一个社区的喜人局面。

4. 加强校际交流，展现学生风采

2006年6月，应香港中联办（中央驻香港联络处）、市教育局、区教育局

领导的推荐和邀请，我校认真完成香港油麻地学校师生及家长来我校进行为期三天的参观访问、学习交流活动。两地学生就本次交流活动的主题——"有效学习的研究"进行分组讨论和汇报。同学们在专家和老师的指导下，收集资料，整理资料，撰写出非常有质量的研究报告。在汇报会上，区教育局有关领导和香港教育学院的两位教授也亲临会场，并全程参与了汇报会，双方的互动气氛深深感染了在场的每个人。师生思维在这里碰撞，智慧的火花在这里点燃，提升了双方反思的层次，真可谓精彩纷呈。

为配合幼儿园做好幼小衔接工作，学校每年都做好接待小区内的三间幼儿园孩子们的参观学习工作，并耐心地向他们介绍小学生在校的学习情况，组织他们进课堂听课，带领他们参观校园，为小朋友进校园学习做好了心理准备。由于接待准备充分，形式灵活，受到幼儿园广大教师、家长的好评。

近三年，我校学生在全国省市区各级各类比赛评比中，58人次获国家级奖项；1人次获省级奖项；36人次获市级奖项；35人次获区级奖项。

（三）以学生发展为本，促进教师发展

为打造一支优秀的教师队伍，我们有这样一个目标："在骏景，要发展每位教师，要让每位教师都得到发展。"为实现这一目标，我们实行"科研与教学同步，质量与效益共求"的办学策略，倡导"领导重视、专家引领、同伴互助"的校本培训模式，抓住生本实验契机，以课堂教学为切入点，优化课堂教学，提高课堂教学的质量；以科研为先导，加大力度加强生本课题研究，催生一批科研成果，让老师体验研究的成功和快乐。

教师观念变了。通过一段时间的生本课题实验，广大教师明白了过去以教师和课本为中心的体系难以适应"学大于教"的现代儿童的生存状态，而应该接受"学生既是教育对象，又是教育资源"的理念。为了能应对学生的问题，很多教师开始了广泛的读书活动，自然科学、社会科学和人文科学都成为老师们的读书内容，我校教师掀起了一股学习的热潮，而且各科组的教研氛围更浓了，每次讨论均主动积极提出自己的观点和依据，更多的教师与专家面对面讨教。

教师备课与反思更自觉了。为了使学生的潜能得到充分挖掘，使课堂充满生命活力，我们大胆改革传统备课方式，单元教学内容由级组集体研讨，突破单元教学的重点、难点、教学理念、教学策略等问题，每位教师再根据各自学生特点，结合教学基本环节，备好每课的教学要点、教学环节。教师上完课后，及时撰写教学实录，将师生在课堂中精彩的地方或失败的地方记录下来，同时，在上完课后撰写教学反思，现在几乎每位教师都养成了写课后反思的习惯。在

教案中不时地看到添加、修改的痕迹，教师都学会把教学中的成功与失败记录下来，充实在自己的教案中。从这种不断总结完善教案的过程中，教师们深深地体会到，教案记录着自己真实的思考过程和自己的成长。

同时学校也注意为教师搭建交流的平台，把教师们在教育教学中的独到体会、心得、感受、研究的成果整理成文，出版成书。《骏景小学优秀个案集》《家长方圆》《教师绳墨》《学困生成长足迹》等集纳老师思想的优秀教案、个案分析、教学反思已汇集成本。教师们在实践中学习，在学习中反思，在反思中总结，在总结中成长，在成长中不断进步，不断超越。在2006年5月，我校有13位教师在全国教育科学"十五"规划教育部重点课题"生本教育的观念和实践模式研究"阶段优秀成果评选中荣获一、二、三等奖；同时还有40多篇论文在各级各类评比活动中获奖，五名教师获区第九届青年教师基本功大赛三等奖。

经过近3年的实验，一支研究型的教师队伍正在形成，我校教师的教学观念、教学行为和教学效果等方面都在悄然发生变化。

（四）以学生发展为本，促进教科研发展

"科研兴校"对一所新校的发展尤为重要，我们运用科研手段，在生本课题的实验和研究中，采取"实验—总结—反思—提高—推广"这样的渐进方式，把理论学习、课例研究、专家指导、实验操作有机地结合起来，并给予充分的时间保证，做到"四个一"：每周一个"案例分析与反思"，让教师积累成功的经验与失败的教训，在反思中不断创新；每周一次集体备课，诊断与剖析解决实验中遇到的问题；每人一月一小结，要求教师注重实验的过程，不断提高研究质量；课题组一月一例会，对课题实施情况进行小结，不断地提高研究水平，通过交流、研讨，营造浓厚的教科研氛围。

同时，我们更注重课题的可持续性和再生性。生本教育的理念和实践研究的成功推进，极大鼓舞了广大教师走教科研之路，全校教师继续开展生本教育的理念和实践研究的同时，积极参与全国教育科学"十五"规划课题"少年儿童行为习惯与人格的关系研究"，并把我校"生本"实验的成功做法加以推广，使我们的子课题"家校协作，培养学生自主学习习惯的实践与研究"效果显著，促进了少年儿童在校内、校外良好学习习惯的形成和健康人格的发展，积极构建新型的家校协作的人才培养模式，努力提高学校素质教育的质量和水平，该课题代表天河区参加课题结题现场会，得到与会专家、同行的高度好评。

三年多来，学校不断呈现出教师、家长、学生与课题同成长的喜人局面：共出版师生作品集3本：《教坛绳墨：培养学生自主学习习惯教师论文集》《家

长方圆：家校协作培养学生自主学习习惯大家谈》和《好习惯伴我成长》。在课题结题评选活动中，我校先后共获得全国和省级 30 个奖项，学校因组织有序、工作积极、效果显著，被评为广东省课题研究"先进学校"。

（五）以学生发展为本，加强校园文化建设

以学生发展为本是骏景小学全体教师的追求，我们有意识地创设了有内涵、有思想、重生本的校园环境。在学校主入口处，即风雨操场的各大柱面，精心布置了艺术长廊，内容上涉及祖国乃至世界美丽、壮观的人文景观，人与自然融为一体的和谐画面，如艾菲尔铁塔、万里长城、最大的鸵鸟、最长的亚马逊河、最美的非洲草原等以画面艺术形式呈现出来，使学生从这些美丽的画面中感受到祖国、世界、大自然之美，从而激发学生们从认识祖国、认识世界、认识大自然上升到热爱祖国、热爱世界、热爱自然的崇高精神境界；各处墙报的布置也能体现学校"一切为了学生，高度尊重学生，全面依靠学生"的办学理念，墙报上到处是充满学生稚气，但非常生动、非常有艺术潜质的学生作品；操场就像海洋的一角，四周有许多不同形状的海螺，绿色的塑胶跑道和蓝色的球场就像起伏的海水，周围的树木和草就像海藻……每天，孩子们就像鱼儿一样在宽阔的海洋中自由活动。

骏景小学是年轻的，它开办仅有四年，然而，这四年的收获是沉甸甸的，它收获了应对、收获了思考、收获了品尝、收获了发展……当然，这仅仅是个开始，让生本激扬生命，让教育洒满阳光，骏景人还会朝着这一目标坚定地走下去，我们坚信骏景小学的明天会更加美好辉煌。

（2006 年 8 月总结稿）

二、生本管理十七年坚定历程

也许是缘分，笔者与生本结缘于 1999 年，这一年，笔者参加天河区"百千万工程"天河培训班，华南师范大学郭思乐教授亲临授课。作为广东省教科所所长的郭思乐正在主持一项省级课题。因为该课题关注课堂，吸引我主动参加到当时的生本课题实验之中。骏景小学从最初仅仅一个班进行的语文学科实验，到现在扩展到全校所有班、所有学科全方位进行，走过了一条不平凡的道路，正所谓是"风雨过后，更见彩虹"。回想起来，历历在目。

（1）2000 年是一个值得记住的年份。因为从这一年开始，笔者闯进了"生本的大门"。从开学前没有预征订生本教材，到开学后通过复印黑白教材，跌跌撞撞地开始跨进了生本课堂实验。从最初的一个班"迎难探路"到后来的中途"犹豫退缩",最后到现在的"初尝甜头、全面参与、积极探索";家长从"动员参与还犹豫甚至退出"到"积极参加"再到现在"竞相参加"。从2000年到2017年,十七年的生本教育实践历程,经过寒冬,终见春天。

（2）2004年的春天,是一个阴冷的春天。春天刚到,乍暖还寒。试验班的规模马上要扩展到五年级,一切变得顺理成章,试验班的效果也在逐渐显现。但在暑假期间,校长的轮换让笔者到了另一所学校任职,依依不舍地离开了熟悉的试验,也留下了未知的试验。果然不出所料,换了校长,就换了学校的办学思想和办学方向,本人一手扶植的试验就在少部分家长和少部分教师的一片退堂声中,悄然而熄。试验要有一股热情,要有一股真情,要有坚毅的性格,更要有长期的谋划。在新入职的珠村小学,以往的经验、成熟的想法,让我决定继续搞试验,提出了"生本兴校"的办学策略。一切变得那样自然,试验变成了实验,课题由省级上升为国家级,外在环境和内在的变化使学校坚定了课题实验的主动性和主动权。目前学校又轮回到了三个班,但今天的三个班已不能同日而语。分管的行政、专题的教研、全员的培训、外出的学习、对外的交流等等,使得学校构筑了教科研的思想和框架,谋划着发展的蓝图。

（3）2008年的春天,是一个喜悦的春天,春光明媚、春色满园。新任职的学校,其实验班规模扩展到了四年级,三个学科,实验班的效果也在逐渐显现。实验班的孩子们能说会道,实验班的学生抽测的语文、数学成绩遥遥领先于平行班,参加实验的教师也跟随成长,学校实现了三个"破天荒"——实验班的教师参加区级说课上课课例展示综合比赛拿了一等奖,以前是没有这殊荣的;学校试验班的外语口语课第一次为广州地区实验学校举行了公开课;学校还破天荒地接待了香港、澳门地区的师生来校访问。学校找到了教科研的路子,开创了学校发展的方向。2008年4月,学校生本实验的教师和学生参加了全国首届生本教育高端论坛暨第二届祖国内地和香港、澳门地区生本教育理论和实践体系学术研讨会,学校教师有四篇论文获一、二等奖,四位教师的论文和六位学生的作品分别被编入生本教育体系实践案例、实践和思考、学生作品丛书。

（4）2014年的夏天,更是一个收获的季节。坚持六年生本教育的2014届六年级毕业班迎来了收获的季节,我校毕业班学生参加天河外国语学校面试录取数超推荐生人数的三分之一,徐熙茹、李湘婉、杜斓琪、曾千里被天河外国语学校录取。据悉,这次天河外国语学校的面谈题目有20题,全部用全英文答题,包括语文、数学、综合题,这次全区符合推荐条件参加面试的有700多人,学校符合推荐条件的学生有11名，录取比例为4∶1，最高分是华师附小的学生（90分），我校六（1）班的杜斓琪考了87分。另外，六（1）班的严奕宽等同学也以高分被华颖中学录取，六（1）班的谢凡已考上了南海一中重点班，毛瑞熙考上了八十六中重点班；还获悉六（1）班的刘可欣、六（3）班的张竹歆考了二中，蔡志锴考上培英中学；还有消息传来，六（1）班的黄志帆考了华南师范大学附属初级中学，六（1）班的陆炎森考了广大附中，六（2）班的谭灏鑫考取了二中、胡江薇考取了省实天河分校；陈宇熙也考上了华师附中初中部，六（1）班杨宁静考上了真光中学……好消息不断，据统计，近30名学生被广州的公立名校和名校办的民办学校录取，占整个毕业班的四分之一，这样骄人的成绩是学校开展生本巧课堂成效的集中体现，是全体毕业班教师辛勤工作的回报。

（5）2015年8月，根据组织安排，笔者轮岗到了骏景小学。十几年的生本管理经验让笔者经历了在不同生源、不同地域的学校做生本教育的不同经历，但共同的事实证明：不论哪所学校，同其他学校相比，做生本教育的学校的学生底蕴深厚、在后发优势逐渐明显。2016年广州中考就是一个具有代表性的事实。广州中考的前十名中就有四名（包括状元）来自骏景小学的毕业生，这些高分孩子如此密集在一个社区小学的班级，这绝对不是偶然，这是骏景小学这些年坚定而又纯粹地做生本教育的必然结果，作为一个身在其中的老师，深深知道，这种教育，这种植根于师生深处的生本教育理念，带给学生的必将是更广阔的前景，学校必将迎来更为绚丽的教育春天。

生本教育开展以来，在全国28个省、市、自治区广泛开展，以其正能量、正方向，实现了"快乐、素质、成绩"三丰收，造就了大批名校、名校长和名教师，获得教育界和社会的普遍赞誉。我总结自己的生本教育历程，用事实说明了一个我们必须面对和解决的问题：我们作为从事教育近三十年的教育"老人"，我们是否在思考几十年的教育历程是在靠"生"源吃饭，而不是通过改变"生"源来确保丰收？

我从前进小学起步开始，再经历了珠村小学、骏景小学的生本教育历程，这些历程告诉我：教育是要等待的。这些学校接待来自全国生本研究中心组织的各类研讨、交流、培训十多次，近万人次观摩课堂、蹲点学习；学校接待来访听课活动连续不断，这是教育的幸事，也是课堂的变革，更是学生的福音、学校的美誉。目前生本教育理念超前形成了做生本学校的全体教师共识："以生为本，教少学多，以学定教"成为大家实践的理念指引，生本教育让老校焕发生机，让城乡结合部学校沐浴到教育新理念的阳光，让城市小区学校脱颖而出。生本教育使师生迸发出生命的精彩。

实践出真知，路遥知马力。只要我们彻底理解领会生本理念，潜心、用心、真心做生本教育，教育走向生本，生本教育实践之路定然越走越宽，一定会迎来一个充满生机的课堂教学改革的春天！

（2017年2月自述稿）

第二章 生本教育的校本解读

一、生本教育理念

（一）生本教育理念的新思考、新实践

生本教育理念认为："以学生为本，一切为了学生，高度尊重学生，全面依靠学生。"我们坚信儿童是大自然的精美杰作，是人类亿万年发展的精华。人并非像一张白纸来到世界，而是带着千百年的智慧因缘，教育的本质在于唤醒孩子内心的种子。只要我们深刻理解这一理念的核心内涵，我们的教学工作、管理工作才能真正做到生本，才有实效性的生本活动、生本文化及生本实践。

新的学期，新的思考。在骏景小学实践生本教育的深水区探索中，我们要不断思考，开拓才能创新，理念不断更新、不断进步才能发展。

（1）关于高度尊重学生，充分相信学生。我们在学校的管理中，要实施生本管理，就要把这种理念落地生根。比如：学校在一楼大厅开辟了无人管理的开放图书。开始大家担心学生拿走书后不归还，但是经过学校几次的要求和提醒，基本上没有出现书被有意拿走不还的现象。学生们当场看，当场归还到位。所以，我们的管理上要用生本，教学上才能更生本。

（2）关于以学生为本，主要依靠学生。随着"互联网＋"的深度融入，学习者的学习方式正在发生变化。基于互联网的移动学习、泛在学习、混合学习、在线学习等学习模式将越来越多地走进校园。因此，我们需要研究新的学习途径，构建"以学习者为中心"的课堂。比如生本语文：在语文阅读方面利用微信平台开展的网上共读《史记》活动如火如荼地开展起来，深得学生的喜爱。它借助互联网技术，把"吸收"与"内化"两个阶段的学习进行"翻转"，即课下"吸收"，课上"内化"。这样借助互联网技术通过翻转教学流程、教学理念、师生角色、教学模式等，让学生始终处于主体地位，充分尊重每一位学生的学习需求。近期，学校语文科组也在以年级为单位，尝试年级网上阅读的活动，用微信平台进行类似生本研究中心开展的网上共读活动。

（3）生本的核心理念在课堂中尽显出来。生本的核心理念：以学生为本，为生命奠基。核心素养是：道德、能力、情意。道德的种子是诚信和友善，这些品质可以通过阅读在潜移默化中、与历史和名人对话中形成；能力的种子是提问和思考，在生本课堂的学生展示、小组交流和质疑互辩的过程中逐步形成；

情意的种子是自信和独立，通过生本课堂的个人展示、小组汇报、小剧展演、小组合作碰撞中不断养成。

因此，教育无止境，以生为本，道法自然，我们的生本之路才会越走越宽广。

（二）对生本的核心理解

笔者有幸有机会到彻底做生本的学校去观课和评课，体会很深：他们是区域推进，即一个区的学校整体参与。政府与教育行政部门和教研共同要求，协调一致，全面和彻底以生本的做法改变课堂。他们为什么选择生本，因为他们在几年的探索中经过摸索，用过山东杜郎口教学模式，用过所谓高效课堂的做法，最终是别人土生有用的东西，移植不到本地教育，水土不服，无疾而终。通过比较、深入学习、听课，他们最后选择了生本教育，选择了以生本的理念"武装"教师。以生本的做法要求教师，派出强大阵容"驻扎"广州潜心学习"真经"，经过一年多的实践形成了后来居上的效果。

作为坚持用生本理念"武装"学校教师的珠村小学，一直坚持不懈地实施和打造生本"巧课堂"，明确将生本教育定为学校课堂教学改革不变的方向。重点突破乞巧课堂，提出了生本"巧课堂"的模式。这里所说的生本"巧课堂"，其核心是以生为本，在"巧"字上做文章。作为这项改变课堂的举措，教师要成为先行、先试和先范者。先行就是自己要行动起来，在自己的课堂中真正实施；先试就是要有一种改变传统的教学方式和老方法的决心，不要瞻前怕后，左右为难，不敢试，怕试。所谓先范，就是要下决心做出成效，做出典范。因此，在学校创出乞巧教育品牌建设的过程中，乞巧教育的核心在乞巧智育，就是要突破课堂。在课堂教学中，打造生本巧课堂，校长也必须站在前沿，为师表率。

生本的特质和效果好在哪里？经过多年的实践，笔者认为：

首先，课堂上，学生在活动、在思考、在互动、在交流，让学生先学后教，先前置研究后小组讨论，深入浅出，低入高出。

其次，学校在课堂交流中有文章，文章里有思考，思考产生共鸣。教学就是在相互合作和自我学习的过程中，通过同伴互助、个人思考、思维训练中获得成效。

最后，在生本课堂上，教师是帮助者和指导者，学生是主人，是课堂的主角，他们在活动中提高，在交流中获益，在思辨中升华。知识的容量和质量都大大得到提高，思维的过程和品质大大增强，合作的内容和形式比较彻底。如果是学生自己学会并教给其他同学，这在心理学的研究中，叫学习金字塔理论。

小组讨论，24小时后的记忆效果为50%，教别人后记忆效果是90%以上。

这种符合教育科学和心理科学的课堂实践，才能立于教育改革的浪头。因此，教师要有彻底改变自己的传统模式的决心，树立生本巧课堂的信念，更勇立桥头，再立教育新功。

（三）骏景小学新的办学理念的解读

骏景小学坚持生本教育实践13年，一直以来以生本教育的理念作为学校办学的指引。2015年11月，骏景小学以"生本骏景、激扬生命"为特色课程，顺利荣获"广州市义务教育阶段特色学校"。这标志着学校进入特色学校的教育深化阶段。2015年12月，学校经过多方参与、智慧碰撞，制定和通过了学校发展的章程，明确提出了新的具有骏景小学办学特色的办学理念：以学生为本，为生命奠基。

1. 以学生为本

（1）生本教育就是以学生为本、以生命为本的教育，提出"一切为了学生，高度尊重学生，全面依靠学生"的教育理念。将过去为"教师好教"而设计的教育转变为"学生好学"而设计的教育。教学要从主要依靠"教"转为主要依靠"学"，教育要从控制生命转为激扬生命。"一切为了学生"是生本教育的价值观，学生是教育过程的终端，是教育的本体；"高度尊重学生"是伦理观，关键是从内部和外部了解学生，教学过程中教师要尊重学生的独立见解、思考发现，理解学生的思维火花；"全面依靠学生"是行为观，要认识到学生是教育教学活动的重要资源，学生将在某种教育生态环境中蓬勃发展，教师就是要艺术地调动学生的潜能，教师是为学生主动发展和终身发展服务的。

（2）以学生为本就是："以学生为本，一切为了学生，高度尊重学生，全面依靠学生。"我们认为教育的以人为本就是以学生为本，以学生的发展为本，以生命为本。

儿童拥有与生俱来、丰富强大的学习天性和发展框架。教育的基本动力来自生命、教育的资源来自生命，教育的核心过程发生在儿童生命活动之中。儿童的创造力与生俱来，教育的使命就是去发现和唤醒。因此，作为教育者的使命就是帮助儿童自己发展自己，要尽可能使学习变成发自学生内心的活动，使生命以其自然的方式产生新的学习机制，从而实现人格塑造与智慧生成。在生本教育的办学理念的引领下，我们制订了明确的办学目标，以及一训三风等个性鲜明的价值体系。

2. 为生命奠基

（1）生命的成长需要营养，作为生命个体身体成长的物质营养是空气、水分、食物等；但个体的生命精神成长需要精神的养分。而精神养分的提供者是学校教育（当然还包括家庭教育）。郭思乐教授把生本教育的师生关系形象地比喻为老农和小苗的关系。小苗的成长是自身的成长，老农只需要为小苗提供肥料、浇水除草，让小苗自己健康成长。而教师为学生提供的知识非常有限，学生的成长也是要靠他自身的学习，提升自身的素养才能成长，教师替代不了。只不过是教师要为学生的成长创设条件，让学生在学习活动中浸泡，在润化中形成素养，让这种素养激发学生焕发生命活力、让学习活动充满成长气息、让学习过程绽放智慧花朵、让教师做一个真正意义上的教师。

（2）作为基础教育的小学阶段，提供给学生的基础是什么？素养是什么？不是知识，不是分数。我们认为，小学的基础在于两个方面：一是必备的知识，二是关键的能力。而关键的能力才是生命成长的关键根基。关键的能力涉及的三个领域就是：道德、能力和情意。这就是要润化学生的核心素养，也是小学阶段重要的基础，是生命发展的核心素养。这就是为学生生命奠基的关键所在。

核心素养的养成要培养"种子"，小学生的核心素养种子主要是"道德、能力和情意"这三方面的种子。道德种子重在诚信、友善；能力种子重在思考、提问；情意种子重在自信、独立。

道德，决定做人的方向。教育首先要培育儿童美好的人性，如友善、诚信等。道德的实施途径就是诵读经典文化。

能力，解决问题的素质。而儿童阶段能力领域的"种子"就是思考。质疑、反思、不从众，成为学习的灵魂。能力的实施途径就是生本教育。

情意，人生活、工作的动力系统，是优秀人格的底子。健康向上的情意有独立、自信、上进、坚持等；在儿童阶段，情意的种子就是独立。情意的实施途径就是为儿童提供美好的学习生活。

友善、思考和独立是生命发展的核心素养，是人的素养的DNA。我们要为学生生命成长奠基的主要就是这三点，这就是我们为学生生命成长奠基的核心基础。

（四）再读《教育走向生本》有感

"生本教育"是郭思乐教授创立的一种教育思想和教学方式。它是为学生好学而设计的教育，也是一种真正体现出"以生命为本、以学生为本"的教育。它既是一种方式，更是一种理念。它真正做到了把学生视为学习的主人，把主要依靠"教"转化为主要依靠"学"的教育。生本教育是以"一切为了学生，高度尊重学生，全面依靠学生"为宗旨的教育。生本教育与师本化、灌注性教育相对立，有强大的穿透力、冲击力、震撼力和感染力。生本教育把师生关系处理得十分完美、和谐，教学效果十分显著。生本教育是实现均衡教育的有力杠杆，是现代课程改革的根本理念。

《国家中长期教育发展规划纲要（2010—2020年）》提出，今后十年的两大任务，第一是促进教育公平；第二是提高教学质量，这是教育的核心任务。随着人们对教育现实的广泛议论和对教育改革的迫切期盼，经过十余年的研究，郭思乐教授创立的生本教育，作为一种理论自觉和教育方法的成熟和成功实践，引发了教育界的高度关注。国家督学傅国亮说："生本教育是当前教育改革发展的一种主流理论和实践模式，它具有校本化和特色化的实践特征。"教育部课程教材研究中心主任田慧生在四川广元会上对生本教育的评价是：第一，生本教育是我国基础教育人才培养模式的一次重大变革；第二，生本教育是素质教育全面实施过程中出现的一种有效的实践形式；第三，生本教育是改革开放三十多年来涌现出的具有国家视野、具有本土特色的我们自己的教育流派；第四，生本教育是一套成效显著且易于推广的教改优秀成果。

生本教育已构建了较为完善的教育教学体系，形成了稳定的操作模式，大量事实印证，它能真正实现学生"快乐、素质、成绩"的三丰收，体现了令人叹为观止的人之生命创造力的神奇和美好。这将有助于我们提高教育教学质量，真正通过改变课堂教学方式来提高学生的自我学习能力。

生本教育，妙在何处？传统教育的基本特征是要学生就范，是维持式的，它强调对学生的干预，即强调教方的有为，而不考虑学方的有为。它体现的是教师的表现和控制，学生的被动和守规矩，就像一个确定好的程序，学生在教师的教学设计中跟着教师的要求走，这样的教学，学生永远是学生，被动地听和回答教师安排的问题，教师永远是先生，按照几十年不变的教案循规蹈矩地教书。

国家课改明确要求"要改变课程过于注重知识传授，强调开展积极主动的学习态度，学会学习，形成正确的价值观"；"改变课程内容'难、繁、偏、旧'和注重书本知识的现状，加强课程内容与学生生活以及现代社会科技发展的联系，关注学生的学习兴趣和经验"；"改变课程实施过于强调接受学习、死记硬背、机械训练的现状，倡导学生主动参与、乐于探究、勤于动手，培养学生收集和处理信息的能力，获取新知识的能力，分析和解决问题的能力，以及交流与合作的能力……"要实现这样的目标，就要寻找这样的教学路径，首先是要找到统领这种教学的教育思想。老子主张"道法自然"，郭教授的生本教育倡导"师法自然"；老子又说："常德不离，复归婴儿"。郭思乐教授说："生本教育的改革遵循的一个原则,就是尽可能少干预的原则,即教少学多。"两者有异曲同工之妙。生本教育的课堂,是学生展示学习成果与生命成长的舞台。生本实践中,我们注重启发其慧根,静待花开,真正做到"先学后教、少教多学",突出学习和合作、能力和探究。

我们说的生本教育,除了反映学生的利益、学生在学校社会中独立自主的存在之外,更重要的是依靠学生来进行教育,把教育的全部价值归结到学生身上,以学生发展为教育的本体。也就是说,我们生本教育的重点,不仅仅在于学生的外部地位,更在于学生的内部自然天性和潜能的发挥。这也是教育对社会的根本贡献所在。

生本教育思想的本体意义在于"以学生为本",它提出为了学生的健康成长而设计教育,为了学生的快乐成长而设计教育,为了学生的好学而设计教育,而不是单纯地为了学生考高分,为了学校升学率高而设计教育。它提出"一切为了学生,高度尊重学生,全面依靠学生",相信学生具有的主观能动性,呼吁教师应从习惯而麻木了的灌输教育中解脱出来,从"拉动学生的纤夫"转变为"生命的使者",教师应从学生的放飞中获得自身的解放,同学生一起成长。从教者只有真正获得思想上的解放,才会有教学价值观的转变,最后才有可能实现教学行为上的变革,实现课改目标。传统教育思想的"授之以渔"已在多年的片面追求升学的功利教育行为中离我们越来越远了,郭思乐教授提出的"生本教育思想",不论在思想统领还是在模式引导上,都将起到不可替代的作用。它是对我国传统优秀教学思想的继承和发扬,也是统领实现新课改教学目标的理论要求。

生本教育是以生命为本的教育,教育的宗旨不是控制生命而是要激扬生命,教学的本质不是教,而是教会学生学。教师的工作不是对生命的控制,而是拉动生命的纤夫,这些思想在当今中国教育改革实践中能够起到指向性的核心作用。大家推崇的大教育家夸美纽斯在他的《大教学论》中这样表述其教育思想:"找出一种教育方法,使教师因此可以少教,但是学生可以多学,使学校因此可以少些喧嚣、厌恶和无益的劳苦,独具闲暇、快乐及坚实地进步"。生本教育所要实现的也正是这样的理想。我国古代教育家孔子说:"温故而知新,可以为师矣。"他还主张"因材施教",他说:"求也退,故进之;由也兼人,故退之。""柴也愚,参也鲁,师也辟,由也。"他根据学生的不同特点施教,使他们发挥自己的特长。"以生为本"的教育理念正是在诠释古代圣人的思想,作为教者,只有做到以生为本,才能做到因材施教。

我国近代教育家陶行知先生倡导了"生活教育"。其教育精华在于"教、学、作合一",他提出"教是为了不教"。著名教育家叶圣陶先生在《陶行知文集》序言中这样评价:"关于教育的见解,千差万别,可区别起来,也很简单,大致可以分为相反的两派。一派希望受教育者成为工具;另一派希望受教育者成为人,独立不倚的人,不比任何人卑微浅陋的人。一派认为受教育者像个空瓶子,其中一无所有,开着瓶口等待把东西装进去;另一派认为受教育者自有发掘探讨的能力,这种能力只待培养,只待启发。前一派希望受教育者成为工具,就不能不把他们认作空瓶子,要他们无条件地吞下若干东西。另一派希望受教育者成为人,自然要把他们当人看待,自然要把培养能力、启发智慧作为教育的任务,自然要竭力使他们长成新血液、新骨肉,发展智能,一辈子真实受用,这种教育就是陶行知先生所说的'生活教育'"。按照叶老的解释"生活教育"和"生本教育"亦是同一思想的不同表达和倾向,以我个人观点,"生本教育"比"生活教育"更准确地把握了教育的本质。

说生本教育可以成为主流理论除了它更直观、更明确、更具体地继承古今中外优秀传统教育理论的思想精华外,更主要的是它参与了中国基础教育改革,特别是课堂教学改革思想的统领和操作模式的指导,同时在表述上更具有概括性、本质性、科学性和系统性,而不是一种追捧时髦的、流行的含糊东西,是深深植根于传统教育思想而又面向时代、面向未来的一种能说服人的干净、彻底的理论。

生本理论的研究,包括了先进的"儿童观、教师观、教育观、德育观",对新课改"实施素质教育"的主流价值观,在教学方式转变上会起到很好的统领和引导作用。当然,如果你不认同儿童是多样的,你不想以生为本,那你一定还会坚守那种以师为本的填鸭式教育,因材施教也就成为无本之木了。珠村小学英语教师邓慧芳分享自己的经验时,她深情地说:"是生本改变了我的课堂,是生本让我的学生喜欢英语课,也是生本彻底提高了我的教学质量。"一位资深教育官员说道"生本教育是中国基础教育改革的一个方向"。

由此我们可以说:生本教育它不仅是理念,还是一种方法,它给予学生的不只是知识素养,更多的是各种内在、内化了的能力和素质,这些能力和素质也许是我们这个年代的老师也无法达到的,这些能力和素质必将使每个孩子终身受益无穷。

下面是骏景小学郑海薇老师的两篇生本感悟文章。

学生因生本而幸福　老师因生本而宽厚

之前读过不少郭思乐教授的大作,他的文章无处不闪烁着民主的光辉,透露着他对生命的敬畏,对生命的尊重、理解与信任。这几天我又读了他的《做最宽厚的教育》一文,深深感受到郭教授文理兼通的学问境界,还让我领悟到了生本教育的最高境界与本质——做最宽厚的教育。同时还让我对教育有了一种新的思考。宽厚，在字典里的解释是：宽而厚，指（待人）宽容厚道，也指（声音）浑厚。什么是宽厚的教育，应该是老师要宽容厚道地对待学生。而郭思乐教授的《做最宽厚的教育》一文再次诠释了他的生本教育理念以及老师们在这一理念下所做的一切对孩子有意义的事。

做了八年的生本教育，我一直沐浴在生本教育这股和煦、宽厚的春风里，学会了如何去尊重生命、依靠生命、宽厚地对待生命。感受着"学生因生本而幸福，老师因生本而宽厚"的变化。同时我也找到了生本孩子快乐与幸福的源泉。因为他们一直成长在一个宽厚和谐而又宽阔的牧场里，一直沐浴在生本教育阳光下，这些孩子是快乐与幸福的，因为他们拥有一群宽厚而又热爱他们的老师，拥有一群能与他们愉快相处交往的好朋友，拥有一个宽厚而又快乐的学习课堂，课堂内外，孩子满脸洋溢的笑容无处不在，所以说他们是快乐与幸福的。

《做最宽厚的教育》一文不但让我更加坚信了"花开有季"，还让我明白了作为一位教育者更应具有一种宽厚豁达的教育情怀，耐心地静待花开。回顾自己所教的第一届生本实验班，后进生李××、陈××、江××等同学的成长就是很有说服力的例子，从他们的身上我又获得了许多新的感悟。在学校的教育中，后进生永远是弱者，如何让弱者变为强者，在学习的一开始就能让他们适时地沐浴到生本这股和煦、温暖的阳光、雨露呢？这成了我教这新一届一年级的重要思考。生本教育做的是"根与叶"的教育，树木的生长与根的发达密不可分，只有根部发达了才能为后期的茁壮成长奠定坚实的基础。所以做一名有智慧的教育者必须先做好根部的培植工作，首先为孩子提供一块宽阔而又宽厚的肥沃的土壤，让他找到一个适合成长的环境。因此，在这新一届的一年级的教育教学中，我一直非常关注后进生的成长，让他们喝上甜美、可口的"鸡汤"。如汉语拼音的学习，在入学初期孩子之间就存在了差异，因为孩子们就读的幼儿园不同，有的幼儿园已经提前学习了汉语拼音，有的幼儿园则没有，所以给课堂教学带来了不便，孩子的起点完全不一致。所以在课堂上我就要非常关注那些没有学过拼音的孩子。往往一节课的教学，没学过的那一部分孩子就显得非常吃力，拼读很不熟练，我就努力地想办法让这些孩子在堂上有更多的拼读机会，还安排学得好的孩子当他们的老师，结成对子，让他们回到家中或在校内找机会互教互学。课后，我还为他们开小灶，每天都安排几个孩子来办公室，教他们拼读，直到过关为止。同时还与家长做好沟通工作，让其在家里极力配合。又如课文的生字学习也出现了快慢，但我也做到不急，通过全班齐读，让不会的同学跟一跟；同桌互读，让不会读的同学请教会读的同学，表扬教的同学做得真棒，还表扬不懂就问的同学，绝不会批评不会读的同学；让他们玩一玩识字游戏，开展小组合作、汇报学习。每天回家的作业少了繁重机械的抄写练习，把更多的时间留给同学们看书，相信他们在看书的过程中能巩固生字，这些不懂的字始终能会的。如字写得不好，但爱看书，还是会得到老师的大力表扬。在这个轻松、快乐的氛围中，孩子们在小组中学会了交流、学会了合作。孩子们还愿意与老师交流，孩子们愿意把心里话跟老师说，愿意把自己的快乐与老师分享，愿意把自己的本领在老师面前展现。老师和同学们就像朋友一样，一起在知识的海洋里遨游，其中的快乐是无法形容的。渐渐地，这些孩子变得自信、大方、阳光。

同时，我还会把更多的机会让给这些后进的孩子锻炼，绝对不会让他们感觉到自己比别人差。

（广州市天河区骏景小学　郑海薇）

火锅作料、海南文昌鸡和生本教育

说到生本教育的创始人郭思乐教授，只要你有机会读到他任何一本著作或任何一篇小短文，你就会发现他的文章很善于运用身边生活中的一些小故事或一些极其常见的人或事物的例子作为他文章的引子，并通过这些非常不起眼的人或事物来说明或阐明一个极其简单或者深邃的道理，并且都非常巧妙地与他的生本理论研究结合在一起，给予我们很多的启发。让我们觉得他很善于观察生活，很会感悟生活，也可以说他的触觉非常的敏锐，处处都能激发他写作的灵感。

同样，我们的陈武校长也深受郭教授的影响，她也有郭教授理论思想高度和对问题看法的深度，最让我印象深刻的就是当陈校长看完《阿凡达》这部电影回来以后的一次行政会议上，她也用生本的教育理念给我们重新解读了《阿凡达》这部电影给予她的许多启示，从影片中她读出了与生本教育共性的东西，当时真的很佩服她，当然这样的例子还有很多很多。

可能是因为受到大家的影响，很多时候自己也会很不自觉地把身边的事与生本联系起来，今天我也想从我生活中的两个例子来说一说我看到的与生本教育思想做法相似的地方，不知道我的联想和运用是否恰当，但当我遇到、看到这两件事时确实是我当时的一个真实想法，所以跟大家分享一下。

第一件事，关键词：吃饭　佐料

前两天，和几个要好的朋友去饭店吃饭，刚进饭店的房间坐下，约我们一起来吃饭的那位组织者说："为什么我会选择这家饭店来吃饭呢？那是因为这家火锅店的酱料可以自己调配。"因为从没有来过这家火锅店吃饭，一开始我还没有明白她的话是什么意思,原本想问一句是什么意思,但因为朋友们好久没见,大家就你一句我一句地把话岔开了。过了一会,菜点好了,该开吃了。那位朋友说:"我先去调酱料了。"边说边拿起一个小碗就走出去了,没一会儿,她就回来了。"哎,你们自己去吧,我只调了我自己的,不知道你们喜欢什么口味的。""哦,好的!"于是我也就跟着大家拿起一个小碗走了出去。"看,佐料够多吧?"另一个朋友说。听她这句话,很明显看出来她也不是第一次来这里吃了。哦,我看了看,嗨,东西还真不少,各式各样的佐料摆满了一桌,在餐厅入门较为显眼的地方,有芝麻酱、花生酱、豆瓣酱、姜(嫩姜、老姜)、蒜(切得碎碎的、整个的)、酱油(不同牌子的老抽、生抽)、辣椒圈、辣椒酱、香菜、葱……真是应有尽有,共20多种吧,有些我都没看出来是什么。哦,我终于明白一进门朋友说的"酱料可以自己调配"的那句话,于是我很快就根据自己的口味调配好了自己的酱料,其他朋友也是如此。

噢,真没想到一碗小小的佐料的吸引力会这么大。朋友居然是因为这小小的一碗佐料来选择这家饭店的。仔细一想,也对呀,因为今天是吃火锅,所有烫过的肉、青菜在入口前都得点一点佐料,肉、菜才会变得异常美味。我很自然地想到:这个老板,真"生本",真会尊重顾客,真会满足每一个顾客的需求(因为这酱料是根据自己喜欢的口味来调配的,是最适合自己的),老板真会做生意,不像那些抠门老板,总怕顾客不自觉多拿了,分量也限制了。其实在吃饭的过程中,我也观察我们这几个朋友,饭吃完了,也没有一个人因为酱料好吃贪心地拿了又拿的。我也不知道老板在开这店前有没有做过调查,也不知道他有没有想过,因为他的一个不起眼的决定,一碗小佐料就吸引了顾客来吃一餐饭,甚至不止一餐呢!让顾客根据自己的喜好配制佐料真是一种很"生本"的做法。

第二件事,关键词:海南文昌鸡 放养 圈养 素质好

每年过年我都会跟我老公回到他的老家海南文昌过年,其实我跟他是同一个地方的人,只是在几岁时就跟父母来了广州读书生活。海南文昌有一样闻名全世界的菜肴——文昌鸡。中国有句俗语:无鸡不成宴。海南更不例外,饭桌上要是没有鸡,就等于没有过年。过年了,当大家相互串门相互拜年时,第一句的问候语就是"鸡肥吗?"主人听了这句话,那回答你的绝对就是一个字——"肥"。是什么意思呢?因为"肥"字代表的是:我家今年养的鸡又多又大又美味。只要你有心仔细观察每一个养鸡的主人在说这句话时的表情,你不难发现他们乐滋滋的表情及洋溢在脸上的自豪感。因为鸡肥还代表了他们的养鸡水平高,今年又是一个丰收年,预示着一家人要在一起过一个肥年了。作为海南文昌当地人,我是吃着文昌鸡长大的,对于文昌鸡的饲养过程我再熟悉

不过了。每年的五六月当地人就开始着手孕育小鸡、饲养小鸡了，为来年的春节准备。文昌鸡之所以好吃，这与它的饲养方式有关，鸡的饲养方式非常简单：先放养，后圈养。放养的时间相对较长，大概需要半年的时间，这个阶段的小鸡每天都是不着家地满屋、满村、满山跑，非常开心，只有到天黑了主人才会把它们赶到鸡笼里睡觉。五六个月过去了，鸡也就长大了，最小的也都长到了五六斤重，一直在户外活动找食、嬉戏，运动的小鸡们也变得非常的健美了，这时候也到了12月、来年的1月了，年也快到了。这时也就到了鸡的后期饲养阶段——圈养。这是文昌鸡饲养最为关键的一个程序，因为它直接决定了这只鸡的口感和是否好吃。圈养就是把鸡关到鸡笼里，再也不让鸡下地了，从早到晚关着，直到被开膛前。被关在鸡笼的鸡，主人对它们照顾周到，一天三餐决不忽视，绝对让它们吃好喝好，以便让它们健美的身体上长出更多的嫩肉和囤出些肥油来，大的可以长到八斤、十斤，成了高质量的鸡。只有经过这种模式养出的鸡才会鲜美，肥而不腻，鸡肉结实而不硬，鸡皮会脆得弹牙，鸡的美味无与伦比，享誉世界。

  海南文昌鸡饲养模式简单概括为放养和圈养两个阶段，放养阶段则给鸡一个非常好的成长环境和成长时间，不是吃着激素快速成长的速成鸡。圈养一个多月的这个过程则保障了这只普通家鸡不断内化、积攒肥油、提升质量，变得更加美味。

  其实不难发现，海南文昌鸡饲养模式（从放养到圈养）与生本教育培养人的模式是非常相似的。生本教育的基本动力是依靠学习者的天性和潜能，教育的功能指向激扬生命，教育的本质是促进人自身的成长。在生本教育实现人的培养模式根本变革的进程中，强烈地建议落实义务教育阶段减少和消除中期统考，改变应试教育绑架整个教育现象，以学养考。生本人考虑更多的是"我们的生本教育可不可以解决素质好、何愁考的问题"，并采用了"成长在前，成绩在后""素质好、何愁考"等方针，教师们遵循"小立课程，宽着期限，大作功夫"的原则来开展教学实践。实验结果证明了小学"五年不统考，一考就好"的实验成果。生本的成功在于在孩子成长的初期（一到五年级），采用了"放养"的方式，让孩子爱上阅读，自主阅读，博览群书，博思深研，积累财富。这期间，学生从不为考高分而烦恼，在宽松、自由的环境里开心自由成长，不成为分数的奴隶。五年里他们的生命一直被保护着、被激扬着。当学生升到六年级，我们的教师再"圈养"他们一年，一心一意地为考试而开展评研活动。然而对于这一群素质好的孩子，加上后期孩子们掌握了很好的考试技巧，考试也不成问题了。很自然在最后的一次考试中，他们就是分数的主人，自然而然地就把好成绩、高分数"牵"回家了。生本教育培养人的模式，以及海南文昌鸡的饲养模式是有共性的东西的，所以它们都是成功的。

我们学校每一届毕业班的考试成绩就足以说明一切。用郭思乐教授写的《走向人的培养模式的根本变革——生本教育属性的若干阐析》一文中的一段话来说："师神，故事中的所谓神，实际上是学生的神奇，是教师们一切为了学生，高度相信、尊重和依靠学生，把学生生命的全部美好激扬起来，使之在终端考试中发出耀眼的奇迹般的光芒，他们都有一个共同点，就是在非终端的漫长教学教育中，是"生本地进行"的，也就是把教最大限度地转化为学，以学生能学起来、乐意学、方便学、学得好为依归，基本上是学生自己成就的，它的珍贵正在于此。"

（广州市天河区骏景小学　郑海薇）

二、骏景小学的办学思想

（一）骏景小学办学策略顶层设计及解读

人的高度是境界，人的宽度是胸怀。学校亦如此，学校的长度是形象——形象是无形的品牌，学校的厚度是文化——文化是无形的力量，学校的高度是教师——大学非大厦也，而是大师也，学校的宽度是声誉——声誉是无形的资产。只有把握好办学理念和校训，定好位，立好足，做实做好就够了，它就是学校发展的灵魂。好教师成就好学生，好校长成就好学校，好学校成就好人生。这种循环往复的递进关系，彼此息息相关，共生共长。

（1）骏景小学的校训是"善恕慧雅，生生日新"，如何践行，我的想法是学生侧重"善恕"，教师侧重"慧雅"。培育"善恕"学生，打造"慧雅"教师就是学校育人和培养的师生目标，达到"生生日新"的境界。

（2）骏景小学的办学策略和办学愿景，我简要地总结为：一二三四五六。

一个理念——办学理念：以学生为本，为生命奠基。

二条路径——生本课堂和生命课程。

三个法宝——借力社区、家长、学校三位一体。

四养策略——静养、牧养、素养、调养。

五园愿景——花园、学园、乐园、家园、数（智）园。

六化目标——区化、净化、绿化、文化、童化。就是成就骏景小学好教育的核心内涵。学校建设要志存高远，超前思考。（实施策略：通过师生大会不断渗透学校的共同价值观）

对四养策略的解读：

①静养：即尊重教育规律、尊重人的成长规律，关怀童年的教育。育人不能追求"快餐文化"，要在遵守规律的基础上耐心等待生命的成长，静下心来育人。教育更像农业，教育者是在耕种人生。育人既不能拔苗助长，也不能过度施肥，更不能搞工业加工。比如：骏景小学的生本做法中的淡化分数，以评研代替考试，静待花开，就形成了很好的教育生态。

②牧养：即开发资源、激发主体的教育。教育不要"圈养"，而应该像草原的牧人放牧那样，为牛羊寻找肥美的水草。教育者如果过度呵护就会产生溺爱，一味替代就会产生依赖，不敢放手就会难有自主，资源单一就会视野狭窄。不能让儿童发展栓在一本教科书上，栓在培训班上。博物馆、科技馆、历史建筑、城市建筑、田园风光等都可以成为孩子们学习知识的来源。牧养的要义在于激发主体性。我们教育工作者，包括家长在内，要开发教育资源，更新教育内容创设自主时空，敢于大胆放手，激发儿童热情，让学生积极主动发展。所以，我们提出：把广州纳入学校，把学校融进广州就是跳出教育看教育，跳出校园用资源。这就是"牧养"策略的举措之一。

③素养：素养不同素质，素养是后天养成，素质主要是先天形成的。我个人认为，原来的素质教育应该改为素养教育比较贴切。素养即注重日常、培养素质的教育。"素"就是日常，注重日常培养，素质不能速成，好的素质是每一天，每节课，一点一点养成的（积累而成的）。古代先贤们早就总结了"胎婴养虚、幼儿养性、童蒙养正、少年养志、成人养德"的教育经验。所以，我们学校校训所倡导的"善恕慧雅，生生日新"，通过心和行的践行就是不断"素养"孩子的品性和品行。

④调养：即扬长避短、健康发展的教育，儿童身心需要和谐发展、整体发展、综合发展。激励是启动儿童成长的动力系统，引导是给予儿童成长的方法策略。调养要辨证地看待儿童的成长。需要赏识，也需要批评；需要放手，也需要要求；需要奖励，也需要惩罚；需要扬长，也需要补短；需要快乐，更需要吃苦。所以，学校核心素养中提出了把情意课程作为三大核心素养之一的思考。调养就是个性化教育，既是我们教育者的责任，也是我们的专业，同时还期待我们的智慧。调养要把握时机，把握方法，把握效果，使教育走向个性化。

四养策略包含着我们坚守的教育哲学，也是人生的哲学，更是我们生本教育所奉行的哲学。希望骏景小学的孩子们在这四养策略的润泽下，在教师的调养下长成一棵棵参天大树。

对六化目标的解读：

区化：不仅指学校物质文化的功能区化，也指学校精神文化的个性化。

净化：除了包括环境文化和行为文化外，还包括学校呈现的精神面貌，校风教风学风的纯净、健康、积极向上。

绿化：包括绿色校园的建设，还要在班级绿色文化和学生的绿色文化上做工作。

文化：不只是校园到处可以见到书，还包括学校要呈现尊重知识、追求真理、坚持真理的良好风气，要使师生成为爱读书、会读书的文化人。

美化：除了环境之美还要有师生形象之美，言语之美，实实在在的校园之美。

童化：是多层次的。一是校园要充满童心童趣，二是要彰显学生生命成长的活力。

（二）有感于学校的发展策略思考

论语共有20篇，11 705个字，大约相当于现今对开报纸一个版面的字量，历经两千五百多年，一直被奉为中国人的"圣经"。大到国家，小到学校，统领发展的核心理念"少就是多"。《道德经》中老子讲：大音希声，大象无形。统领的思想精辟才有穿透力。

人的长度是寿命，人的厚度是修养，人的高度是境界，人的宽度是胸怀。学校亦如此，学校的长度是形象，形象是无形的品牌；学校的厚度是文化，文化是无形的力量；学校的高度是教师，大学非大厦也，而是大师也；学校的宽度是声誉，声誉是无形的资产。只有把握好办学理念和校训，定好位，立好足，做实做好就够了，它就是学校发展的灵魂。好教师成就好学生，好校长成就好学校，好学校成就好人生。这种循环往复的递进关系，彼此息息相关，共生共长。

骏景小学地处广州市天河区人口最密集的大型社区骏景花园内，这是一块人杰地灵的土地。学校紧靠广州金融城，南临珠江，北望广东奥体中心，地理位置优越。学校自2002年9月开办以来，在天河区教育局的支持下，学校以敢为人先，科研兴校的思想，积极投入到新课程改革试验区的改革实验中，确立了以生本教育推进学校的教育改革与创新的工作方针。经过近十三年的坚持不懈、执着追求、勇于探索、实践反思，骏景小学的生本教育特色彰显，成效显著。我们在思考：生本教育的深水区往哪里走？

走向之一：生本教育实践在课程与教学再造

走向之二：生本教育实践在生本课堂常态

走向之三：生本教育实践在生本文化环境

走向之四：生本教育实践在深化家校合作

走向之五：生本教育实践在整个学校管理

达到从生本课堂—生本家庭—生本校园—生本管理—生本品牌学校。

(三) 深度解读生本教育的校本化

教育一向是每个父母最关心的问题,毕竟它牵涉到每个家庭、每个孩子的未来,所以,我们为今天的教育进步而欣喜,为教育的问题而蹉叹。特别是我们教育工作者,都在思考、探索,如何让学生快乐、高效地学,在玩中学,素养高,负担不重,今天,我们找到了一种教育方式——生本教育,以解决这个问题。这里从古今中外大教育家对教育的论述中找到了生本教育核心理念的立足点,生本教育从理论到实践正在走向成熟,成为有代表性的中国教育学派之一。

笔者从微信上看到了一篇介绍教育名家顾明远先生的一篇博文,他在自己86岁的时候,仍然在思考中国的教育。老先生根据几十年对教育的执着追求,潜心研究,提出了类似钱学森的疑问——"中国教育路在何方?"。几年前,已故的著名科学家钱学森提出"中国为什么出不了诺贝尔人才?"他从科学家的角度关注的是一流人才的问题,而顾明远先生作为一名教育家则是关注教学的根本问题。这些问题让一些有志之士忧心忡忡,甚至有教育家说,如果中国的应试教育再不改革就会改变中国人种的问题。

顾先生给出了他对教育出路的四个观点,观点一:没有爱就没有教育;观点二:没有兴趣就没有学习;观点三:教书育人在细微处;观点四:学生成长在活动中。事实上,我们每一个教育人都在反思、在思考路在何方。可喜可贺的是,顾明远先生所阐述的这个出路已经在广州率先先行先试,取得了可喜的成效,这就是华南师范大学教授、博士生导师郭思乐先生的生本教育。"生本教育"就是为学生好(hǎo)学而设计的教育。

俗话说:英雄所见相同,顾明远先生在上海,郭思乐教授在广州,还有一个学者官员田慧生在北京,他们的思想和观点,笔者认为是同出一辙。下面阐释己见。

观点一的解读:顾明远先生说"没有爱就没有教育",他所说的爱不是溺爱,他觉得"爱"首先是要尊重与相信学生——尊重学生的基础、尊重他们的需要、尊重他们的人格。

郭思乐教授的生本理念给出了更全面的诠释:生本教育以"一切为了学生的价值观、高度尊重学生的伦理观、全面依靠学生的行为观"为宗旨。正好暗合了顾明远先生的爱的教育的价值取向。

观点二的解读:顾明远先生说"没有兴趣就没有学习",他觉得现在的学习负担主要来自心理负担。学生对学习没有兴趣,自然感觉不堪重负。

郭思乐教授提出的课程与教学再造的路径：把"教"转化为"学"，再把"学"转化为"玩"，就是学生兴趣的根源所在。学生的天性是"玩"，也就是进行他们自主的、生动活泼的、创造的、思维的、解决问题的、快乐无比的活动。

观点三的解读：顾明远先生说"教书育人在细微处"。学生的感情是相当丰富的，教师的一言一行、一举一动都会影响到学生。教师的一句表扬会使学生受到鼓舞，迸发潜在的力量。

郭思乐教授在生本教育中，提出教育就是唤醒、激励，教师是生命的"纤夫"不是"牧者"，在生本课堂教学中，教师是儿童学习生活的组织者，教师的核心能力是组织学生自主有效地学习生活。

观点四的解读：顾明远先生说"学生成长在活动中"。他说，学生的成长并不单单是依靠教师的言行说教，而更重要的是依靠学生自己的活动。

郭思乐教授的生本教育的核心理念就是学生的活动。生本课堂的教学模式中强调：前置研究是学生自主的先行活动，包括学生的自学、调研、拓展阅读等活动，课堂的知识建构重在小组活动中，学生的交流展示互动、质疑思辨在活动展示中，课堂最根本的地方是教师找到一章一节最根本的地方，才把课堂交还给学生进行自主活动……

他还从生本的德育观提出：以儿童的美好学习生活为真正基础，这些基础来自学生丰富多彩的各种活动。这正如顾明远先生所说的，"活动"包括他们学习知识，让他们在参与活动中主动地学习。在这个过程中学生体验到与他人、与社会的关系，思想品格得到锻炼，责任感、沟通能力、合作精神、诚信都得到培养。

上面所述已经在许多实验学校的实践中得到很好的体现。比如参与生本教育有10多年的骏景小学，其生本教育中体现出的德育无痕、润生无声的成效让来自全国几十个省市同行首肯。

中国教育科学研究院的院长（原基础教育司课程建设委员会主任）田慧生给出了评价，华南师范大学教授、博士生导师郭思乐教授的生本教育给出了答案。

生本教育是郭思乐教授1999年创立的，至今将近20年了。田慧生院长总结了生本教育的四个特点，或者说是生本教育对我国基础教育发展4个方面的突出贡献。

一是生本教育是我国基础教育人才培养模式的一次重大变革；二是生本教育是素质教育全面实施过程中出现的一种有效的实践形式；三是生本教育是具有国际视野、本土特色的教育流派；四是生本教育是一套成效显著易于推广的教改优秀成果。

经过10多年的探索实践，生本教育形成了较为完整的新的人才培养模式。这个培养模式，在一定程度上，让我们的教育教学回归了本质，从根本上恢复了正常的教与学的关系，找到了教育教学的根本出发点和落脚点。因为生本教育不仅是一套理论体系，还是一套可以操作、易于推广、在实践中摔打出来的优秀教改经验和成果，可以称得上是人才培养模式的一次重大变革。

纵观古今教育大家，都对儿童的主体地位、自然属性做了深刻论述，中国古代大教育家孔子认为：人的先天差异不大，个性的差异主要是后天形成。在《论语》中，他从教学方法、教学内容等方面都提出了指引当今的教育思想，他强调启发、承认先天差异，因材施教，提出学习与思考相结合，要求学以致用，至今闪烁着教育智慧的光芒。国外著名的教育家、心理学家也都重视儿童的自然属性，杜威在其《民主主义教育》中，明确提出"儿童中心说"的观点，提出了"教育即生活"，在"做中学"。夸美纽斯的《大教学论》强调教育的自然性，提出人是自然的一部分，人与自然遵循同样的法则。卢梭的自然主义代表作《爱弥尔》，认为让儿童顺其自然发展。瑞士教育家裴斯泰洛齐的和谐教育主张遵循自然，教育应和儿童的本性一致，使儿童自然发展。

这些国外教育大家的理论对我国目前的教育改革都有指导作用，特别是当前风风火火的各种教育模式，总体上是回归杜威或"杜威化"，如以学生的发展为中心、强调由知识到经验的课程改革等，但是所有这些模式没有逃脱生本教育的大范畴，更为重要的是：还未见有将学生视为教学资源的认识，从这个意义上说，生本教育是踏在巨人肩膀上的教育思想的创新，青出于蓝而胜于蓝。

郭思乐教授的生本教育理论认为：儿童是亿万年进化的精灵，他们一出生就拥有人的语言等人类本能。无论孩子的成绩是好还是不好，我们都要相信：每个孩子都是种子，只不过每个人的花期不同。有的花，一开始就灿烂绽放；有的花，需要漫长的等待。相信每颗种子都会发芽，每朵花都有自己的花期，只要我们耐心地等待、精心地浇水、细心地呵护，总有一天它会发芽，它会开花。孩子就是一粒大自然种下的种子，只要它落在土壤中，相信孩子，静待花开，这就是生本教育的核心依据所在——"孩子是上天给予世界的礼物，他们用纯净的眼睛去看世界，作为教师，要保护他们的纯净和好奇心，鼓励他们去探索世界，思考如何让这个世界变得更美好。"

综上所观：中国教育，何去何从？不言而喻。

（四）基于学校办学理念的不断深化的思考

每一所学校都应该有自己的办学理念，但随着学校的发展，基于对教育的深入理解，不断完善不断调整学校的办学理念，这在我所见到和经历的几所学校来说还不是第一次。因为办学理念和教育理念既有相同的地方，也有不同的内涵。办学理念是学校的一种精神向往、理想追求和哲学信仰的抽象概括。教育理念是教育主体在教育实践及教育思维活动中形成的对"教育应然"的理性认识和主观要求。它是关于"教育的应然状态"的判断，是渗透了人们对教育的价值取向或价值倾向的"好教育"观念。办学理念是教育理念的下位概念，是校长基于"办怎么样的学校"和"怎样办好学校"的深层次思考的结晶。从某种意义上说，办学理念就是学校生存理由、生存动力、生存期望的有机构成。从内容来说，包括学校理念、教育目的理念、教师理念、治校理念等；从结构来说，包括办学目标、工作思路、办学特色等要素。办学理念的功能就是要回答学校的全部活动所涉及的三个基本问题：为什么？做什么？怎么做？这三个问题的答案共同解决了学校的终极问题：学校是什么？

上述理论的认识，让我对骏景小学的理念也进行了深入的思考。教育要为社会的经济和政治服务，我们的教育方针是要为国家培养建设者和接班人。因此，学校的办学要有鲜明的时代特征和时代要求。如骏景小学原来的办学理念是以生本理念作为学校的办学理念，这个理念坚持了多年。学校经过了10多年的生本教育，现在已经形成了自身特质的生本学校，提出了"以学生为本，为生命奠基"的办学理念，在2016年9月又推出了"善恕慧雅，生生日新"的校训。学校的文化必须与时俱进，与时代发展同步，与社会需求相合，这更是一所学校不断前行的指路明灯。正是有了这样的创新，才使得学校呈现出不断发展的精彩。就像从我们现在的学校文化设计中所看到的：学校墙面有每个孩子的作品，每一面墙都在告诉我们孩子的成果，看到孩子们的彬彬有礼，课程活动丰富多彩，我们相信，这样的学校一定会成就每一个孩子与众不同的精彩！

第三章　生本德育师说

一、学校德育创新的思考和实践

近期媒体在关注校园欺凌事件，但最后定性到底是"欺凌"还是同学之间的一种个案矛盾的升级，我们先不评判。单对于学校来讲，不管是何种情况的学生肢体或语言冲突，反映的是学生的德行出了偏差。对于家长来说，就是伤到了自己的心头肉，肯定特别关注。反思一下，不论是上级教育行政部门还是学校，特别是学校，一直在强调学生的德育，但是，类似的现象一而再再而三地在学校发生，还不只是个别现象，而是普遍现象。笔者分析：首先，对于低年级学生进入校园，应该是学生从家庭到学校的适应过程中产生的社会现象，没有什么大不了，因为，对于小学生来说，他们的这种小的矛盾冲动就是一个成长的过程，是他们在学校这个集体里与同伴直接的关系的形成和认识过程，我们应该理性地对待并采取恰当的方法进行管理和教育。

学校德育的目标，就是要教给学生过美好生活的能力，这种能力是需要学习的。我们以前的思路就是管好学生，也就是管着。另一方面就是我们要教给他怎么做。这些在以前我们有所忽视，以为管理班级就是用制度管死学生，这也不能做，那也不能做。但是，学生并不知道他们该怎么做，比如：行为习惯的养成教育，要通过"示范+训练"多次反复才能形成。所以我们要从管着到管理，从管理到教育。管理很容易，管理追求有序，用公正和规范来约束学生；教育追求"向善"，用仁爱来感染学生，所以，我们要创新德育方式。大家会发现，优秀班主任的一个成功的特点就是活动多。因为活动多，学生参与的平台多，不同个性、不同特点的学生就会在不同的平台上展示自己，在与同学之间的活动中形成良好的关系，这种关系就会满足他的情感需求，是他从家庭那种情感融入到规则的社会化的过程。所以，德育创新就是要营造一种符合学校特点、学生特点的活动来让学生参加小组活动，让学生形成对社会的情绪依附，变得尊重权威、有标准，形成纪律精神，进而在公共空间里变成合格公民，这就是我们该怎么做的理念指引和实践思路。

比如笔者在一所学校进行的德育创新可以说明创设一种平台的作用和效果。

笔者原来就职的珠村小学提出了"立足校本，依托社区，文化熏校"的德育理念，在近六年的探索、思考、实践中初步形成了"乞巧德育"的特色品牌，也获得了广州市第二届中小学德育创新一等奖。具体体现在：

（1）以德为先：以乞巧文化为载体，地域文化和学校德育相结合，以评乞巧之星带动学校五星班级的评比，创新了德育工作的新模式。

（2）以智育人：把乞巧文化有机结合到课堂教学中，呈现乞巧课堂，使地域的文化资源为学所用，使学生喜闻乐见，让课堂焕发生命活力。

（3）以体促德：把划龙舟、舞龙舞狮、巧手穿针引线等传统的珠村文化和学校的体育大课间活动有机结合，在亚运助威操《大家一起来》《众人划船过大江》和《彩云追月》等民间音乐的伴奏下，大课间操生动活泼。培养学生的爱家乡、爱民俗文化的兴趣，培养学生的集体主义精神。

（4）以美熏德：学校美术课以《我们的乞巧》为校本教材，每周在"地方课时"中安排一节专门上"乞巧课"，在课堂上渗透。在音乐课上，学校把音乐课开足开齐，有机渗透本土音乐素材《乞夕吟》，以合唱为抓手，重点突出，培养学生的审美能力。

（5）以劳健心：在学校的第二课堂，每星期二的下午第三节课，学校聘请珠村的乞巧婆婆到课堂做指导，在专门的乞巧手工制作室里开设乞巧手工课，培养学生的耐性。

以上可以看到学校从多角度、多方位为学生提供综合的德育活动，让学生在这些美好的活动中形成了好的习惯、好的品质，取得了好的效果。在参与广州市特色学校现场评估中，专家对学生的综合评价是"灵巧中透露出质朴"。这就是创新的德育，这就是学生希望要过的美好学习生活。

二、教师师德新说

师德是个常说常新的话题，当我们教师听到这个话题时不免浮现出"为人师表"这个老调重弹的说法。确实如此，师德从规范的定义就是指教师的职业道德，是为师从教的情感态度与行为规范的体现和自我修养。最近，笔者参加了教育局党委举办的书记培训班，专家对师德新的见解值得我们深思。他说，师德的新的内涵具体体现在三个方面，根据我的理解，归纳出新的师德观点，划出了下面三条线，值得深思。

一条准线——博大师爱无私奉献是传统师德的准线。

一条基线——教育法律法规要求是现代师德的基线。

一条法线——《中华人民共和国教师法》关于师德的规范：遵守宪法、法律和职业道德，为人师表。《中小学教师职业道德规范》：爱国守法、爱岗敬业，关爱学生，教书育人，为人师表，终身学习。

师德就是为师从教之范，为人师表之德。具体要求如下：

爱岗敬业、关爱学生——敬业情
刻苦钻研、严谨笃学——勤业感
勇于创新、奋发进取——专业心
淡泊名利、志存高远——事业志
具体体现在：

（1）成长导师：高尚的师德是对学生最生动、最具体、最直接、最有效和最深远的教育影响力。

（2）心灵鼓手：师德是重要的教育资源，师德传递教育的正能量。

经典格言——其身正，不令而行；其身不正，虽令不从。（《论语》）

（3）重要他人：喜欢一个老师，就会喜欢他的课。"亲其师，信其道"：90%的学生因为喜欢这个老师而喜欢他的课。师德影响与人格魅力是学生喜欢老师的真正理由。学生最喜欢的教师品德（前三位）：幽默感60.4%；宽容心49.2%；尊重学生27%。看到专家的师德新说，联想到我们的自我认知，笔者想：师德新说值得我们教师重新玩味，自我践行。

三、生本德育的巧思考

笔者从2005年担任珠村小学校长至2015年，在这些年的生本教育实践探索中，我们对学校乞巧文化的理性思考，可以说是"牵一发动全身"。开展乞巧文化这项工程回馈给今天珠村小学的率先发展，初步形成了以生为本的"乞巧教育"品牌学校，应该说是有心栽花，无意成荫。

（1）"乞巧教育"的核心内涵——三位一体，五育并举。

"三位"（学生、教师、干部）上求精细，在"五育"（乞巧德育、乞巧智育、乞巧体育、乞巧美育、乞巧劳育）上增实效，在巧管理上下功夫，在巧课堂上求突破，在乞巧教育品牌打造上谋划新的发展。

（2）乞巧教育的新的理念——教育弄"巧"，以德为先。

①对学生："德智双修，身心两健，心灵手巧"，达到"心巧、智巧、手巧"。

②对教师："德艺双馨，知行合一，巧为人师"，达到"巧备、巧说、巧教"。

③对干部："德才兼备，身体力行，务实巧干"。达到"巧管、巧理、巧用"。

（3）乞巧教育实施主体——"五育并举，品牌铸校"。

德育即以德为先；智育即以智育人；体育即以体促德；美育即以美熏心。

学校经过积累前期开发乞巧网站的经验，正式开发和启动了学校有特色的乞巧网站（www.gzthzcxx.com），通过网络平台把学校乞巧教育、教育教学和数字校园班级及管理等融为一体，对社会开放，形成辐射和传播态势，为学校品牌的传播搭起沟通的平台。

四、从快乐教育看德育的本质

时下不少学校谈到学校办学特色是"快乐教育或愉快教育"这一办学思想，有的学校坚持了30年，颇有成效。时至今日，它们仍坚持不懈，笔者有幸参加了这些学校组织的快乐教育30年研讨会，主题就是"快乐成长奠基快乐人生"。笔者认为这个标题改为"快乐教育奠基快乐人生"更为贴切。为什么在主题标语上还没有顺势提出快乐教育这一思想呢？据说，即使到今天，有的专家还在质疑"学习是不是快乐的"。所以，笔者参加了这个会议，让我见到了中国教育的两大教育大家的来信及其本人。因身体原因不能前来现场的陶西平先生亲自写的发言稿，而中国教育学会名誉会长顾明远先生则亲临会场。

陶西平先生的信中说：快乐教育是立德树人的重要途径。快乐教育给生命涂上了明亮的底色。它经历30年而不倒，说明了它的生命力。中国的快乐教育要把个人快乐融入他人和集体之中，要同中华民族的命运结合起来，要以实现中国梦的理想来润泽。

他强调：快乐教育不是不吃苦，而是要通过学生刻苦的学习、经历困难享受到成功的喜悦和快乐。

当然，快乐教育要把真善美的共性和个性融合，形式和内容融合。要融入新的元素、新的模式，在快乐的氛围中探索实践。快乐教育不只是学生的快乐，而要把教师的人格修养、人格净化融入进来。教育永远是百家争鸣，有跑不完的路，写不完的书。

顾明远先生说：愉快与刻苦不矛盾，一个是情感，一个是意志。没有兴趣、快乐的情感就不会有刻苦学习的意志，没有兴趣就没有学习。

当前，我们在推进素质教育的过程中，必须破解培训机构对学校的绑架。因为我们这个时代，各种教育蓬勃生长，各种应试方式让我们的学生苦不堪言，失去了童年的快乐，失去了教育的本位。

另外，我们当前的考试竞争激烈也是孩子不快乐的根源，要真正推进素质教育必须冲破这些根源，这需要政府、社会、家庭和学校的共同努力。

上述说法让笔者重新认识到快乐教育是学校教育本真的回归。教育要返璞归真，正本清源。基础教育要系好第一粒扣子，只要紧记来路，不忘初心，方得始终。

课堂教学是德育成长的摇篮

摘　要：生本实验的开展得到这样的结论，学生在课堂上所展现的优秀品德是在其美好的学习生活中自然形成的。应充分利用课堂教学，在思想观念中坚信"性善"思想，并且为学生营造良好的教育生态环境；在行动策略中通过整合课堂资源，开展公益活动，培养学生的合作精神与阅读兴趣，使学生在美好的学习生活中培育良好的德育品行，使课堂成为学生德育发展的摇篮。

关键词：生本理念　课堂教学　德育发展

一、引言

在万世师表孔子的七十二贤中，谁是孔子最喜欢的学生？毫无疑问，孔子最喜欢的弟子是颜回。为什么？在孔子看来，颜回的学习达到了他所崇尚的三种境界：首先，颜回的学习是广泛的学习，已达到学而乐之、见贤思齐焉、见不贤而内自省也的境界；第二，颜回的学习达到了学而时习之的境界，即颜回的学习和思考结合在一起；第三，颜回的学习总是与修德联系在一起，故有"贤哉，回也，一旦食，一瓢饮，人不堪其忧，回也不改其乐，贤哉，回也"。

《论语》是我国传统文化的精髓之作，它发生的时代虽然离现在已经很远了，但它里面深邃而精深的思想却是现代人要好好思考的地方。从孔子最崇尚的弟子来看，其实早在春秋战国时期，就已经提出了学习与养德要紧密结合的思想，而作为奠基工程的小学教育，就更是应该思考如何通过课堂教学来唤醒孩子真、善、美的美好天性。

二、几则案例

案例一：同学为老师精心准备生日会的故事

一天上午，陈老师回到办公室，看到她的桌面上摆满了鲜花。别人都在悄悄地议论："今天是什么日子？怎么这么多鲜花？"

打开花里面的卡一看，原来今天是五年五班陈老师的生日，孩子们用自己的方式为老师举行生日庆祝活动。只见一个学生在她的贺卡上写道："亲爱的陈老师，祝您生日快乐！您放心，买花的这些钱不是从父母那里要来的，是我用自己的稿费买的，感谢您，让我体验到写作的快乐！"

这边，五年五班课室里，黑板上以祝老师生日快乐为中心，写满一黑板的祝福语，动听的中英文生日歌在校园回荡着。老师陶醉在这样醉人的境界中！多么感人的场景啊！

案例二：周××受伤的故事

五年五班的周××在暑假期间游泳时不小心摔断了腿。由于行动不便，只能在家里休息一段时间。周××没能上课，那功课不就要落下吗？怎么办？五年五班马上召开了同学会议，主题是如何帮助没能上学的周××同学。有人说，每天把要交的作业抄给他；有人说，光抄作业也不行啊，没听课他怎么会做作业呢？不行，要为他成立补课小组。就这样，大家你一言我一语，一个帮扶周××学习的小组就这样成立啦！每天，他们总能挤出时间去帮周××同学辅导功课。

也因为这样，周××的功课才没落下，这完全是孩子自发的帮扶工作，多么可贵的精神啊！

案例三：学生作文的片段

1. 尹祯哲作文片段

在寒假期间，我通过自己的艰苦努力，创建了一个我们五年五班的班级博客。这可是我花了许多功夫才搞成的，我当时以为很简单，随便搞一个就可以了，谁知道搞了几个都不行，最后请教一下别人，终于在新浪网上为我班博客"安了家"。

那一刻，别提我有多自豪了！我把我们班上许多优秀的作文都放在上面。现在我们班的博客很火爆，上去的人越来越多，点击已快到1000次了。

非常欢迎老师和同学们多去我们班的博客做客。通过这次经历，我发觉做任何事情都不能随便，都要一步一个脚印，踏踏实实，认认真真地去完成，还要敢于接受失败，永不放弃，只有这样才可能成功。

亲爱的同学们，我想你们也会像我一样，在成长的路上体验到了很多快乐，也尝试了一些成功。而所有这一切的取得，都离不开父母的抚育，都离不开老师们的培养，也都离不开同学们的帮助。让我们永怀感恩之心，在美丽的骏景小学茁壮成长吧！

2. 李志豪同学的《天使在人间》

有个朗朗清晨，天使把我送到人间。

从此开始，天使就是一个很累的天使。

我上学了，天使在我身旁，

我生病了，天使仍在我身旁，

成长的道路多少崎岖，天使又伴我走过了多少！

天使是谁？她就是妈妈。

3. 学生送同班同学的对联

黄泽蔚送李紫莹：活泼可爱聪明伶俐，勤奋努力成就辉煌。（李年龄最小）

吴宜之送林舒婷：文采飞扬读书来，妙笔生辉勤苦练（林文笔很好）

李紫羚送张思悦：工作负责不落后，勤奋进取有出息（张工作认真）

张思悦送韦佳雨：书山觅宝防满足，学海泛舟宜从容（韦比较急躁）

三、思考

从以上的几个案例中，笔者在思考，孩子的品德是教出来的吗？是品德与社会课传输的吗？

"十年树木，百年树人"。教育就是要为孩子奠定坚实的品德基础。以上案例中的孩子自信、自爱，热爱他人、团结、友善、孝顺、懂得感恩、自律，有责任感和使命感，等等，将来的世界公民不就是需要这样的品德吗？邓小平提出的四有新人的培养，不也就是上文所呈现的内容吗？为什么上文中的那些案例的主人公能呈现这么美好的情愫呢？生本实验的开展结果给予了启示：所有这一切真实的故事，这些优秀的品德是在孩子美好的学习生活中自然发生的。

生本，让学生懂得自信。课堂上，大家都是有备而来的，谁不指望尽快自信而又大方地展示自己呢？课堂上，孩子们经常能听到甜蜜的赞美和掌声的，谁又会嘲笑别人呢？课堂上，总是讲究团结协作的，谁又会去做离群的小雁呢？课堂上，在学习时是有分工又有合作的，谁又会去推卸自己的责任呢？课堂上，小组是共荣共进的，谁又会去不思进取呢？

再看看以下这个案例：

今天，笔者进入课室上语文课。按照习惯，在上课之前笔者会了解一下学生自从实行新的上交作业以来的作业交缴情况，当很多组都为老师频频报喜时，笔者心中暗自窃喜，孩子们真乖！

这时，当笔者用眼睛扫视的时候，看到第五小组的同学在互相抱怨，只见淘气的周××正在垂头丧气地挨骂！小组成员陈××在大声说："周××，把你外婆电话给我，我要告诉她你的情况，同时，从今天下午开始，你到我家做作业，我不放心你回家做作业！"陈××，在班里是个不怎么起眼的小姑娘，学习上也不显山露水，也不是班干，甚至连小组长都未当过，但今天，她为了小组的荣誉，她主动承担了这个责任。听到这儿，笔者的确有些触动，做教师的只要让每个学生都明确肩上的责任，管理不就轻松了吗？自从她明确了自己的责任以来，她不但自己做到了，还知道想方设法去帮助同学。

看到这儿，笔者只说了一句，我支持陈××的做法。

不出笔者所料，下课了，只见陈××走到办公室，礼貌地打电话给周××的外婆。

没过多久，周××真的变了，陈××也更有责任心啦！班里作业交得更齐了，好人好事屡见不鲜。

所有这一切，都让笔者深深地思考，德育的出路难道在于教？不在教，那出路又在何方？

四、对策

（一）思想观念上

1. 坚定相信"人之初，性本善"的观点

要好好利用儿童的这种天性养德。怎样使得本善的性得到发扬光大呢？因为装载有"善"的人，可以作出比他自身获得的多得多的贡献来。

人类社会一直在发展着，文明也在进步着，所以人性在本质上，也必然是善的发展。人们不去装载"善"，社会缺乏良知，就不会有进步。由此可使笔者看清，社会普遍自私，只不过是人们模糊了自私和自利的界线而已。这完全是因为伦理道德缺乏发展，法治没有真正建立起来的缘故。中国儒家思想认为：道德观产生的内部原因来自于人的本性。人是社会的产物，人的道德观是建立在人性的基础之上的，与人的本性是一致的，即内在于人的本性之中。正如《三字经》里所说的：人之初，性本善，性相近，习相远。

所以教育要营造善的场所，让善的一面发扬光大。不管是校园文化建设还是班级文化建设，不管是什么学科的学习，还是什么活动的开展，都可以围绕着真、善、美几个字来做文章，所谓大教无言，大教无痕说的也就是这个道理。

2. 崇尚"不尚贤使民不争"的信念，营造良好的生态环境，是教育最高的追求

教育是否建立了以儿童为主体的、以儿童提升为本体的教学体系，进而建立相关的教育生态，这是养成良好德行的基础。良好的教育生态的特征，是儿童获得尽可能大的自主学习空间，从而最大限度地调动情感与认知统一的本能。无论是游戏中学习，还是课堂的热烈讨论、妙语连珠，都可以看到这种由于对知识的热爱带来的对大自然的神奇、对美好的人和事、对生活的赞美。

德行和智慧的起源都源于美感[1]，正如罗杰斯所描述的"通过学生之间的互相影响、启发，课堂上出现的一些领悟、启示和理解的时刻简直是震撼人心的"，说到这里，笔者想到了一个课例里呈现的孩子的德行和智慧[2]。

老师在上《经济一流国家是怎样产生的》一课时，其中有个环节是献言祖国，一个小男孩说"友好也是人类共同相处的金钥匙。有了它，人类才会和平"；另外一个学生说"国有才君国兴泰，人有谦言人成才"；还有一个学生说"祖国，当你碰到很难的事情，不要盲目去做，不要白白地去做，要随机应变去做，要运用策略去做"。

爱国情愫还需要用语言来表达吗？教师要坚定地相信，好的德行不是教出

---

[1] 郭思乐. 德育的真正基础：儿童的美好学习生活——论教学生态在德育中的地位 [J]. 教育研究，2005（10）.

[2] 马斯洛. 人的潜能和价值 [M]. 北京：华夏出版社，1987：356-357.

来的，而是在良好的教育环境下熏陶出来的。要为孩子营造自主成长的乐土，因为自主会给孩子带来朴素的责任感，这是人类生命先天的取向，也是后天现实社会的需求；同时是生本教育鼓励学生学习与思考相结合，这种自由思考带给孩子的是对世界和谐的深刻认识，形成坚信和谐、追求和谐的恒心和博大胸怀。①

（二）行动策略上

1. 整合课程资源，是提升儿童德育素养的基本策略

多年的实践表明，品德与社会、品德与生活这样的课程可以与其他学科进行学习整合，因为学生在美好的学习开展时，都会有德行的熏陶。在孩子们上语文、数学、英语、体育、音乐等课程的时候，都有情感、态度、价值观的课程目标要落实。

生本课堂更多是鼓励。记得有一堂二年级的语文课，最后问学生"在这堂课的收获是什么？"孩子们活跃开了。有的说："这节课让我知道了要努力才有收获，以前要我们举手发言时，我都会争着举手，老师没叫到我，我就会很失望，现在我学会等待，倾听别人讲话，讲完以后，要学会了听，听别人讲话也是一个很快乐的事，听也是一种学习"；有的还说："这节课我最大的收获是我懂得了许多人生道理，要努力学习才能有收获"；还有的说："我还知道了只要坚持就没有做不到的事"；还有的说："这节课我觉得最值得表扬的是简玥，她背古诗背得很棒"。

你说这样的课堂没有整合品德和社会、品德和生活里面的内容吗？

就是这样的课堂里，让孩子们学会尊重、倾听、自主、自信、合作、包容，孩子们将学习与生活、学习与社会、学习与文学、学习与艺术完美地结合在一起。孩子们的德行得到修炼。

2. 建立个人、小组、班级的合作学习机制，为养德服务

良好德育的养成一定要有肥沃的土壤。在生本理念下，课堂学习的基本模式是：个体学、小组学、全班学。这样的学习链接一旦形成，就能很好地呵护了学生的学习兴趣，极大地调动了学生学习的积极性。个体学保证了学习的自由性、自主性，自由性和自主性的学习能够充分发扬学生的学习天性，因为学习是人的本质需求，同时，小组合作学习的开展，为"人人参与"提供平台，为"我为人人"提供了服务的机制，为合作互助提供了机会；而班级学习为争辩和思想交锋提供了场所；这个学习链的建立，其优势在于：意识更多的自主，

---

① 郭思乐. 德育的真正基础：儿童的美好学习生活——论教学生态在德育中的地位 [J]. 教育研究，2005（10）.

儿童在这种需要自己采取立场和负有责任的交往之中，会对个体的独立价值和对于任务的合作力量有强烈的体验，形成合作品质，在合作时，又能形成尊重、谦让、利他的高雅品质，同时，在生本理念下的各科学习，经常会举行各种游戏、各种活动、各种交流，游戏、交流都成为生本教育课堂的常态，这些都能让孩子获得一定的社会体验，同时，与人为善、学者风度、合作技巧、解决矛盾的正确态度与方法，对待自己和同伴的成就的态度都能得到很好的发展，而这一切都是孩子将来的立身之本。

3. 成功深入地开展读书活动，是儿童养德的不竭源泉

高尔基说过书籍是全人类的营养品。是的，阅读对一个人全面素质的提高是大家都已达成了的共识。而生本课堂，鼓励孩子旁征博引、引经据典，将丰富的课外知识带入课堂，课堂上，孩子们就是在展示自己的阅读成果，同时，生本实验成功地推进了大阅读，这些书籍无疑是孩子德育提高的琼汁玉液，它们滋养着孩子们的心田，润泽着孩子们的生命，所以，书籍是儿童养德的不竭源泉。

4. 利用丰富的各项活动，为学生美好德行的展示搭建平台

学校要营造孩子行善的场所。到现在为止，在生本理念的指引下，笔者学校成功地开展了一次为妈妈梳一次头、为妈妈洗一次脚的德育活动；在班里，倡导学生为班级做一件好事；在家里，倡导学生每天讲一句感谢的话；在社区，倡导学生每天举行送微笑活动，高、低年级手拉手活动，与异地学校结对子活动；在假期，鼓励学生为社区做些环保、献爱心活动，所有这些活动的开展，给孩子提供了行善的可能，也极大提高了学生德育素养。

正如郭思乐教授在《教育激扬生命》一书中所言，儿童德育的真正基础就是儿童美好的学习生活①。而学校的德育工作的重心就是营造良好的教育生态，唤醒孩子真善美的天性。而学校德育工作的主阵地就是课堂教学。在生本理念下让课堂成为孩子德育发展的摇篮。

(广州市天河区骏景小学　陈天兰)

高度尊重学生，你做到了吗

一天下午，笔者照旧兴致勃勃地来到课室，与学生一起共度课堂的美好时光。在学习"轻叩诗歌大门"这组课文时，笔者每节课前都尝试着让孩子自由写诗，其中风景独好。你不得不感慨，儿童是天生的诗人，有的孩子一节课就写了10首。十二生肖只差两种没有写，真是快哉！

话是这样说，但在学完《西江月·夜行黄沙道中》这首词时，笔者尝试着

---

① 郭思乐. 教育激扬生命——再论教育走向生本[M]. 北京：人民教育出版社，2007.

让孩子填词（后附学生作品），词牌可以是西江月，也可以是渔歌子，也可以是菩萨蛮，也可以是卜算子等，学生是兴味盎然，因为他们极度喜欢挑战和尝试，一切都井然有序地开展着，不知不觉临近下课，这时，平时极具环保意识的欧阳祺站起来说话啦！"陈老师，你看一看，周××，他在撕纸屑，而且，随便丢在地上，多么不卫生啊！"我一看，真是伤脑筋，你看，把纸屑丢得满地都是。笔者当时也很生气，就郑重其事地与周××说："××，你把它捡起来吧！"他充耳不闻，继续撕，笔者火了，更大声地对他说"周××，你去办公室给你妈打个电话，就说我找她！"听我这样说，他撕得更起劲。我心想，这孩子今天怎么就这么不听话了呢？不行，一定是我的方法不对，郭思乐教授的"一切相信学生，高度尊重学生，全面依靠学生"就像"紧箍咒"一样在笔者的脑海里翻腾，在这件事情的处理上，我做到高度尊重学生周××了吗？态度是那样的生硬，方法是那样的传统，环境是那么的不合适等等。我深入思考后，觉得一定是我的处理不当，没有高度尊重孩子，甚至是让孩子觉得伤了自尊心，虽然他在做的事是不对的，但老师的目标是帮助他成长，而不是控制他，当老师想控制他的时候，他有权选择拒绝。今天笔者算是体会到了。出于这样的思考，我当即改变了策略，悄悄地走到周××同学的身边，对他心平气和地说："××，现在陈老师给你选择，你是选择妈妈来帮你捡纸屑，还是你自己捡纸屑？"我的话刚说完，只见周××拿出了一个塑料袋，把抽屉里的纸屑装进塑料袋里面。我知道，孩子认识到自己的错误了，赶紧拿了一个扫把过来给他，他接过扫把，二话没说，就认真地扫起地来。这时，我又顺便对投诉他的欧阳祺说："你能原谅他吗？"欧阳祺点点头说："他知错能改，我原谅他！"周××听了，还补充了一句："不好意思，我下次不会再丢了。"

这样一个故事，给笔者带来太多的教育思考：我在想，最好的教育发生在哪里？它可能是一个契机，要善于发现；最高效的教育又发生在哪里？哪里就应该是对准学生那颗心啊！要对准那颗心，前提是师者在实施教育过程中，是否真能做到"高度尊重学生"呢？高度尊重学生，这可是实现老师和学生和谐对话的前提啊！教育真是一个深沉的话题，好好琢磨生本教育吧，它会给我们莫大的启发！

附：

眭千千和刘小凤填的一首词：

卜算子·日行骏景道中

烈日当空照，清风拂面来。骏景校中繁花茂，绿树迎风摇。行于骏景校，黄莺枝头叫。书声朗朗将园绕，课堂满欢笑！

（广州市天河区骏景小学　陈天兰）

与公益同行　培善恕之根

骏景小学在实践生本德育的过程中，创新性地开展了德育工作，使学校德育工作与学生实际情况相结合，使德育工作真正落实到学生的学习生活中。在这学期，我们坚持以公益活动为主线，以强化校训提到的"善恕慧雅，生生日新"为重点，在"以学生为本，为生命奠基"的理念引领下，以公益为抓手，全面扎实地培养学生的道德情操。

一、德育工作总结

乐理明校长向全校师生解读校训"善恕慧雅，生生日新"的深刻内涵，在思想上注入善念，启动骏景的公益之旅。现将我校近期在生本理念下的德育工作总结如下：

（1）创新教育形式。在校园内开展生动活泼的德育活动，丰富学生的德育体验，追求"以学养德，育德无痕"的德育境界。在生本理念的引领下，所有的活动本着人人参与、人人发展、人人成功的目标，广泛地搭建平台，让孩子们在丰富多彩的活动中，展示自我，发展自我，丰富自我。

（2）每年举办校园艺术节、体育艺术节活动。以运动会为主旋律，搭建体育大广场，在田赛和径赛表演过程中还穿插了"亲子接力"等运动项目，打造了和谐的校园文化气氛，增进了师生间、家长和教师、学校间的情谊。

（3）开启了家长导师大讲坛活动。每周二下午，我们的家长导师为孩子们教授他们擅长的课程：《预防未成年人犯罪、防止校园暴力安全责任状》《与细菌作战》《游泳安全》《凝固的音乐，石头的历史》等，使学生受到了很大的教育。

（4）更新家长会的模式。请优秀的家长来学校开公益讲座，请北京的王宏硕老师来为我们的家长导师开大型讲座，各班级每学期召开一次家长教子经验交流会。除了家长之外，还让孩子们成为家长会的主角，家长会成了孩子们展示才艺的又一个舞台。

（5）学校开展了"书香伴我成长"校园读书节活动，让书养性，以书培德。通过深入开展读书活动，共享读书乐趣，更重要的是丰富了学生的知识内涵，提高了学生的文化品位。

（6）为了更好地创新学校的德育工作，每周举行国旗下特色班级展演，每学年举行特色班级评比活动，现在形成了"班班有特色，人人得发展"的良好态势。

（7）为了使校训内容深入人心，发动学生进行校园吉祥物创意大赛活动，最后选出了"雅雅""慧慧"这一对校园吉祥物，同时，开始启动了"慧雅老师""雅慧学生"的评选活动。

二、探索开放的德育体系，向外拓展德育阵地，内化成孩子的德育素养，追求"知行合一"的教育本真

在生本理念的引领下，结合本校情况，对外，我们以"公益"为主线，向外拓展我们的教育阵地，将"善恕文化"落到实处。

1. 向云南孟连地区输入理念，通过公益活动开启智力扶贫之旅

将公益活动做到云南少数民族地区。应华南理工大学的邀请，乐校长亲自带队奔赴云南孟连县，为当地的校长和管理层做为期一周的教育讲座，同去做义务讲座的有陈天兰副校长、郭淑珺副校长、数学科长李晓华、体育科长钟燕辉，将我校先进的教育理念和做法输入给云南孟连少数民族的校长和教师。同时，邀请孟连县的老师来我们学校听课。发动学生捐书几千册，送给孟连一小的学生；发动家长捐衣捐物，寄给孟连山区的孩子。

2. 搭建平台，让骏景学子与阳山县留守儿童举行"心连心、手拉手"结对系列实践活动。

2016年7月	乐校长与羊城艺术研究院的艺术家一起深入阳山，开启关爱留守儿童的公益活动之旅
2016年9月	发动全校学生为阳山留守儿童"每人捐一书"公益活动
2016年11月	骏景—阳山"手拉手"，传播艺术共成长
2017年1月11日	我校9名少先队员到扶村小学参加活动
2017年1月15日	我校在羊城艺术研究中心与扶村小学的学生开展结对子活动
2017年1月17日	骏景学子深入扶村，与留守儿童共话新年

培养学生向善，做一名善良正直的人是我校培养学生优良品德的目标，骏景小学少先队广搭舞台，让学生在活动中感悟，在活动中成长。

3. 依托社区资源，将德育阵地向社区开放

2016年9月，我校学生深入幼儿园，为幼儿园的小朋友分享故事；2016年10月，倡导学生在社区做一件好事，在帮助他人中，成就自我；2016年1月21日，我们学校的学生在大队部黎芳老师的引领下，在骏景花园小区里开展"书写春联喜迎新春，骏小学子用心送福"写春联送祝福活动。

学校的德育教育化成了孩子们的实践行为，"骏小的孩子真棒"，这是居民对孩子们说得最多的话。

三、探索"人扶一人，月行一善"的公益活动

到现在为止，我校老师、家长、学生中已有不少爱心人士，资助了若干需要帮助的读书儿童，他们或是捐学费，或是给予思想上的关心，让"爱"注入学生的心田，让"善恕慧雅，生生日新"转化成老师们自发的行为。

在学校文化建设中，润物无声地播下"善"的种子。俗话说，"赠人玫瑰，手有余香"。通过这些系列活动将"德化师生"落到实处，真是将校训的"善恕慧雅，生生日新"扎根于学生的心田，真正做到了"以学养德，育德无痕"。

（广州市天河区骏景小学　陈天兰）

第四章 生本管理悟道

一、学校

(一) 小学阶段是人生发展的奠基阶段

俗话说：好的开头等于成功的一半。2016年10月10日，在这个双十的吉利日子，我们第九期广州卓越校长班进行了一个简单的开学仪式，时间虽短，但北师大校长培训学院副院长李霆鸣引用的台湾文化名人李敖的观点让我久久思考。把小学的教育比喻为工程建设的挖坑工程，要为学生的今后发展"挖大坑"，打好地基非常关键。他用毕业于老北京西关星星胡同小学的李敖的人生经历说明了一个小孩子从小养成的韧性，对一个人今后的人生观和世界观的形成具有非常重要的作用。李敖说过："自己的事情自己做，自己做的事自己要负责。"他的一生大起大落、桀骜不驯的人生经历，都是他的个性使然。

因此，对于我们小学校长来说，要认识到自己作为学校的掌门人，对一个学校、学生的发展起到的作用不可小看，校长的思想和行为决定着学校发展的走向，引领着学生的发展。小学阶段是人生发展的奠基阶段，要为学生一生的个性、习惯、行为方式奠基。

这些话我们都懂，但是，这种懂可能是流于表面，只有从理念的高度内化到心灵深处才会真正地理解，这样的理解才会变成自觉的行动。所以，接下来三个月的培训就是静下心来学习熏陶，慢慢地渗透到心里，当然，要有持之以恒的精神，要有坐下来的心情，要有放得下来的包袱，以学生的身份和心态做好开始的准备。因为校长的思路决定学校的出路，校长的眼界决定学校的视界。

(二) 社会影响力是学校声誉的最大化

北大和耶鲁两位大学的校长在谈到学校培养人主要在哪些方面，北京大学校长许智宏说："学习、做人、服务社会是三个最主要的方面"；耶鲁大学校长莱文说："质疑、学习、反思是学生在学校主要培养的方面"。从中看出，中西方大学教育的校长理念有所不同，所以，造就了十几年后的人才的发展后劲不一样。耶鲁大学造就了不少的总统和诺贝尔获奖者，北大还没有培养出一名本土的诺贝尔获奖者。

从校长的角度，要用经济学的观念来管理学校，要从管理学的角度来管理学校。耶鲁大学校长说他主要做两件事，一是筹钱，二是挖人。那对于我们小学校长来说，今天的广州天河区，教育不差钱。关键是培养教师，才能培养好学生。所以培养人是管理的重要部分。

目前，我们教师缺乏的不是专业知识，而是合理的知识结构。由于过去大学的分科弊端，造成现在的教师缺乏人文科学、社会科学的知识，造成教师不能有自己个性，不能开始专业之外的课程。所以，在培养学生方面显得比较单薄。

如何让学校有品牌、有声望、有影响力，这是我们校长的能力和智慧的关键方面。办好教育就是要多花钱、多办事、办好事，让学校的影响力不断提升。当学校的影响力提升上来，资源、人员、资金等都会向学校靠拢，学校因此会实现良性循环。

（三）教育要文化自信

教育的根本是立德树人——谈学校实施经典教育的根基。习近平总书记在各种场合谈到教育要有文化自信，他说"抛弃传统等于隔断自己的精神血脉，中华民族永远不能离别精神家园"。文化名人钱穆说过"教育的第一任务就是认识传统"。作为学校，特别是基础教育的小学，要把中华文化的精华融进小学生的血脉里，就要从学校的课程体系中有目的地设置。

目前，我们学校在语文课堂中实施的课程再造过程中，有意识地把经典文化纳入到每个年级的课外读书的系列中，明确了小学一至六年级每个年级的必读经典教材。如一、二年级的《三字经》《诗经》，三、四年级的《大学》，五、六年级的《论语》。网络共读《史记》等活动把学校的经典教育与课堂结合，与微信结合，形成了学校经典教育的特色和效果。

其次，在课程设置上，学校把书法列入课堂教学中，每天中午的时间段进行了一个"听经典音乐，书写中国汉字"活动，坚持不懈。通过这些设置和活动，把中华传统文化融入学生的心里，通过活动落实到行动中。

其三，我们认为：小学的重点不在成绩，在于阅读。6～12岁，是阅读能力（即学习能力的基础）长足发展的黄金时期，这六年，可以说，什么都没有海量阅读、大大提高阅读能力的发展更为重要。一个孩子的聪明才智，如同种子，需要条件才可以发芽生长。这个条件就是海量阅读和动手动脑的游戏方式。

阅读重要，好书同样重要，所以，学校在学生记忆力很好的小学阶段，让学生根植传统文化的厚实土壤，通过相应的活动为他们今后的人生奠定伦理和道德基础以及基本精神——包容、豁达、独立、进取、勇敢、儒雅、和善。

读书使人智慧。在美国加州一所小学的图书馆里，笔者曾看到这样一幅标语：你读得越多，知道得就越多；你知道得越多，就会变得越聪明；你越聪明，你表达思想的时候，你的声音就越有力。

笔者始终认为，读书是养心的智慧。种桃、种李、种春风；养花，养草，养心灵。学校是文化场所，如果能培养孩子读书的好习惯，那将会让孩子受用终身。

（四）对有效学校的几点思考

作为老师要重点关注有效课堂，但作为一名学校管理者，要更加关注有效学校。尽管原来没有系统地研究这方面的理论，今天，对照专家所说的有效学校的一些静态特征，再反思我自己的学校管理，如果说还可以，对照一下，还真与有效学校的一些静态特征相符，特别是文化认知方面的比较多。如：在有效学校的静态特征中，学校要重视课程和教学、要有清楚的目标、要加强队伍的发展和在职的培训，争取家长支持学校、善用外在资源和周边社区及行政部门的支持等等，在一年多的新的学校的管理中，还真是这么做的。当然，在规范和规则方面，也经过一年的筹集和重建，已经形成了学校的《管理方略》。但是，根据专家报告的内容和我的反思，觉得有几点还需要认真思考和实践。

（1）规范和规则的制订过程中要注意不能只是领导行政性地从上往下的行为，要想这个规范和规则让教师容易理解和执行，必须要坚持把自己的想法和做法下放到教师中，通过宣讲学校的使命和价值，才能明确自己制订这些规则和规范的目标。通过这种文化认识才能形成行之有效的规则和规范。

（2）要建立学校制度必须注重三种制度要素。以往我们比较重视规则行制度和规范行制度的建设，但没有重视或有意注意到文化认知方面的制度；比如，对于关系系统的关注，它可让认可递增；比如，建立教师的奖励制度，要注意关系系统；比如，把某位优秀教师的做法写成案例，提出优秀教师的标准，一起研究达成共识，这样才能让教师和行政认可递增。

（3）教育赢在哲学，学校赢在文化

当一所学校与众不同时，学校文化管理和文化策略的使用对我们校长来说尤为重要。校长的一个主要职责就是担负着学校文化建设的重任。学校文化是全校全体成员共同创造和经营的文明、和谐、美好的生活方式。对这个定义中的"生活方式"笔者深有感触。文化是一种生活方式，这一观点给笔者的触动很大。学校要建设核心价值观主导下的行为方式与学校物质形态的综合，包括精神文化、制度文化、行为文化和物质文化。对我们来讲，可能对学校物质文化比较重视，通过资金和工程建设一些景点式的文化雕塑、长廊、流水……这和旅游景区有什么不同？学校作为一个育人的单位，一定要有育人的价值取向，因此，即使在学校物质文化的建设过程中，也要关注能体现学校价值观和学校特色的物质文化。其次，学校更要重视精神文化、行为文化、制度文化的建设，因为这些涉及学校教育教学各个方面。

特别是制度文化的建设，要么制度过于刚性，缺乏人性，把教师管死，学校一潭死水，缺乏活力。要么学校的行为文化过于随意，没有长久和稳定的文化程序和规定，让学校的行为活动随心所欲，没有长远的目标和效果。再说学校的管理没有策略，人云亦云，没有根据学校的实践和历史进行精神文化的策划，没有把学校的个性体现出来，学校办学多年还是原地踏步，不进则退。

因此，学校文化建设关系到学校的品质和品位，关系到学校发展的后劲。这是教育赢在哲学，学校赢在文化，这一观点不得不引起我们深思。

（4）基础教育改革的动向与趋势

随着老百姓对优质教育需求的增加，从有学上到上好学的观念转变，我们的基础教育如何满足这些日益增长的教育需求，这是我们政府特别是校长要认真思考的问题。作为校长，我现在最关心学校的课程如何融入信息化社会对学校的挑战。但作为基础教育，我认为重中之重还是学生身心的发展。身指健康健壮的身体，心主要指基本的做人的习惯和基本礼仪道德。我认为：

首先，小学要为学生的身心发展奠基。

要做好这两方面的基础工作，就要通过开展校本课程来实施。如身体素质，要把课堂从教转化为学，把学转化为玩。在玩中学，在学中玩。通过开放的课程设计出有意义的活动。比如，学校要有体育节，各类体育项目的班级或校际比赛活动，师生同时参加，把活动和时间还给学生，让学生爱运动、爱活动，不断提升学生的身体素质。

其次，要从小熏化学生的心灵。要加强学校的道德和公民教育，强调课程的灵活性和自由度，把说教转化为活动，把有意义的说教变成有意思的活动，在活动中育人。德育的根本是为儿童创设有意思的活动，是创设他们美好的学习生活。

学校教育的核心是立人为本。教人如何做人是小学的核心内容。教育的第一要务是认识传统。通过中华传统文化进行经典教育，为孩子们奠定中华经典文化的根基。记于心，见于行。

（五）对学区化改革的一点启示

在深化教学改革中，管理的改革值得思考。大家知道，随着经济的发展，老百姓对优质教育的渴望日益增加，而区域提供给老百姓优质教育的资源有限，从有学上到上好学的观念转变，对于这一供求矛盾促使我们教育行政部门在思考，如何将有限的优质教育资源进行扩充和扩散，一些地方的做法对笔者所在的学区思考有一些启示（笔者是我们区域的一个学区小学片的负责人）。说实在话，教育行政部门有这方面的思路，也从行政分工负责的角度已经开启了这一做法，但是，至今没有特别的做法和效果。当我参观完北京的九三学园后得到了一些提示和思考：九三学园是怎么做的，首先从这个名字就感觉到有点不同，它不叫学校（其实是一个学校），也不叫学院（那是大学才有的资格），也不叫学府（学府太深）。它取学园之名，因为它是由原来的两所小学结盟而成，有九三学社的背景，把九小和三小都包括进去，没有彼此之分，取名九三学园，真是好名称。其实这种优质学校带动有特色的学校的联盟就是北京东城区的一种做法。优质学校扩展，又保留联盟学校的特色，从心理到地位首先解决了两校教师的思想认同问题，为今后的真正融合开辟了一个共同成长的基础。

其实，北京东城区的学区制改革，在学区化管理的基础上，实施了"明、贯、带、集团"的发展模式，目前比较成熟和推广的改革除了上述的两校联盟模式外，还有三种形式，九年一贯制的1+1模式（一所中学带一所小学），以优质资源带1+2模式，以集团化1+1模式。以强带弱，以大带小，以龙头学校为核心组团发展，使师资、设备、课程教育教学资源得到融通，学段贯通，从而整体提升办学质量，从而扩大优质资源的覆盖面，使得教育联盟品牌化，教育集团标准化，初步解决办学均衡和机会公平的问题，基本从心理和事实上满足老百姓对优质教育资源的需求现实。

从学校内部发展来看，东城区实施的课程改革也对我们有所启示，它实施的是学院制，在学校的课程上，有青少年学院，分设文化艺术学院、科学技术学院、体质健康学院、国际教育学院四个专业学院，有若干个课程资源中心，初步形成了"1+4+8"学院制体系，使优质教育资源在统一的大平台上实现共建共享，学生从走班到走校，在学区范围内初步实现了跨校自主选课，解决学习方式和师资均衡问题。

再回到我们自身的学校，如何改革课程是一个值得思考的问题，国家课程的改革在自身的实践基础上，进行了教学和课程的再造，但对于整个学校的课程建设可以参照上述的思路进行校内和校外资源的重组，在课程管理的方式上可以采取学部制，把整个学校的课程重组为国家课程的基础学部，再把校本课程和活动课程的那部分，成立科学技术学部、音乐艺术学部、健康体育学部、人文素养学部、社区资源学部等，每个学部分设负责人，整合资源，互促互动，允许每一个学生可以报读两个学部课程，从而达到课程丰富，管理有序，流动自由，评价到位的课程管理模式。

这些想法，为我们学校的进一步发展提供了可以思考和借鉴的思路，为今后的管理指出了一条明路。

（六）对"管理就是决策"的再认识

管理就是服务，这是市场经济发展阶段大家熟悉的一句话，但管理科学之父西蒙说过：管理就是决策。这一论断及学说荣获管理方面的诺贝尔经济学奖，笔者比较认同这一说法。因为我们工作的实践证明了这一观点。在学校，我们每天都在做决策，因为决策就是解决一系列的问题，有些问题急需解决，有些问题还隐藏在人、事、物之中，作为校长要清楚知道，管理是由一系列的决策和执行决策构成的活动。

如果决策有效果断，能使学校运转正常向上；反之，会使学校发展受到严重影响。就从笔者刚刚经历过的所谓"毒草坪"事件说起。这学期开学初，由于招标滞后，导致开学时才开始了学校的足球场地的草坪铺设。对于这个项目，我还是非常敏感的，因为当时媒体正在关注毒跑道事件，有关部门也叫停了塑胶跑道的工程。但足球场地的草坪是进口的人造草，暑假时已经有多所学校改造完毕，因为它的环保和安全性，没有任何质疑，所以，学校慎重决定用人造草坪改造小足球场地。由于没有与施工方有效沟通，其在学生上课期间用胶水粘合草坪而散发出刺鼻味道，让接送小孩的家长闻到后误认为是毒草坪，于是，有的"爆料"给媒体，有的写信给学校，有的在家长微信群里大加渲染。学校当即停止工程建设，但是事件越炒越热。连续几天搞得学校忙于面对媒体、给家长做解释工作、邀请多方包括家长一起取样监测等等。但是，有些自认为有文化的家长说，不管监测是否符合标准，准备组织发文、准备来学校抗议。这个问题不能这样继续下去，我马上召开全体行政班子会，决定停止施工，转用更安全的拼接胶垫。把场地改为其他体育活动用途，也不影响这一场地的功能发挥。于是，这次危机就这样结束了。后来媒体做出了正面报道，说学校措施得力、行动迅速，学校得到了家长和社会的好评。

这件事其实也是学校危机的一种，学校危机就是发生在学校校园内或与学校有关，由学校内外因素引起的，干扰学校正常运行的，使学校组织功能或成员利益遭受严重损失，或面临严重损失威胁的突发事件。这种突发事件在很短时间内波及很广的社会层面，对学校声誉产生恶劣影响甚至直接威胁学校的生存。现在回想起来，如果不是当时立即做出决策，可能会招致其他单位已经做好的草坪会被无辜受到牵连，致使社会、家长对学校不信任。

所以，这一案例说明了"决策的效果＝决策质量＋对策的认可程度"这一管理结论的有力根据。

（七）依法治校与依规治校的结合思考

在依法治国这个大的环境下，学校作为社会普遍关注的单位，日益体现出依法治校的重要性。教育作为公共性的要求，依法治校是当代学校管理与评价的基础。依法治校就是要求我们学校管理者必须遵循法治的精神与要求，依照法律和规则制度来管理学校。要做到这一点，我认为，首先要对宪法的四个基础法律有一个宏观的了解。作为学校必须关注有关教育方面的法律，但也要了解基础法律，比如，要了解行政法、民商法、刑法、诉讼法。因为学校的教育对象是学生，学生的监护人是家长，家长把孩子送到学校，学校从事实上成为孩子的临时监护人，学生在学校发生的事情学校就要负责，不管是孩子自身还是他人造成了学生的伤害，学校都有教育的责任，不可推脱。当然，有无过错是学校是否必须负责的关键。因此，当学生在学校发生了伤害等事件以后，我们要以一个社会组织和公民个人的身份，承担民事、刑事、诉讼等方面的法律责任。

当然，学校除了学生还有教师，对于教师方面的著作权、生育权、培训权、荣誉权、隐私权等等，我们都要有清醒的法律意识，不然的话，我们做出的决定、制度、方案等行为可能会违法。

所以，当代的校长要有依法治校的理念，也要有敢作敢为的担当。比如在管理和教育学生的过程中，要很好地理解《侵权责任书》的相关内容，《侵权责任书》第三十八条：无民事行为能力人在幼儿园、学校或者其他教育机构学习、生活期间受到人身损害的，幼儿园、学校或者其他教育机构应当承担责任，但能够证明尽到教育、管理职责的，不承担责任。

这段法律规定，既给出了我们管理学校出现相关事故的法律依据，也提醒我们必须高度富有责任心，加强管理，为学生的学习和生活提供安全的环境及依法管理的程序。

因此，作为学校行政主体，我们的管理既要做到合理，更要做到合法，依法治校，促进师生的健康发展。

（八）对管理的再认识

学校的管理是个常说常新的话题，最近笔者分别从学校管理策略、管理的法治化、学校形象与媒介应对等专题进行了专题学习。总体上从学校内部管理策略和学校依法治校的观念的转变都有了深入的了解和认识；从学校外部的媒体应对和形象创设有了更明确的了解。这些方面对于笔者来讲，过去是比较忽视的，也是没有受过专门的培训和学习的。通过学习培训，主要有以下几点感受：

（1）管理学校不只是外在的形象管理，质量的管理才是重点，不管是提高学校管理水平还是提高教育教学质量，必须提升管理者管理策略能力。管理就是解决问题。在解决问题中要先做策略，再执行决策。决策的效果是由决策质量和对策的认可程度累积形成的。管理就是决策这一新的理念告诉我们决策的重要性。

（2）学校管理要依法治校。依法治校是当代学校管理与评价的基础。要依法治校需要关注和处理好不同主体的关系。首先是处理好学校与政府的关系，处理好与教师的关系。学校的发展主要靠教师，因此，在管理中，我们要明确教师的身份，尊重教师的各项权利，遵循合法性和合理性相结合的原则，促进教师的专业发展。

（3）学校管理要应对媒介。习总书记在对领导干部的新要求中提出了六大能力，新提出了同媒体打交道的能力。过去我们所倡导的说实话、做实事的作风不可少，但对新的形式和信息化的今天，我们要学会同媒体打交道。过去媒介素养低下的状况要重点补课，要改变那种不愿意说、不敢说、不会说的形象，要学会主动地说、及时地说、智慧地说。敢于应对媒体，学会危机公关，化危为安。

总之，通过学习，本人对学校管理的不足方面，从理念到案例都有了新的认识，也从内心感受到了这些方面的必要，掌握了一些实践的方法，对于自己今后在学校管理更上一步提供了新的动力。

（九）以督学的视角看一所学校的发展路径

近期通过参观校园、听课、校长报告等活动，重点对一所学校的办学特色、办学理念、课堂教学有了一个基本的了解和认识。作为一名参加培训学习的校长，自身又是一名政府督学，从两方面的角色来看这所学校，有了自己的感受和见解。

（1）基本情况

北京小学原是以部队家属子弟为主的部队学校，经过多次的转化，现在为地方政府的公立小学，一校三址，本校区是高年级，新校区是低年级，构成了不同区域的环境文化和办学风格。现有3000多名学生，200多名教师。

（2）总体看法

这所小学能够传承空军文化的飞翔理念，融入学校的办学特色，创设出让每个学生成长的教育——"育心教育"，尊重学生的天性，维护教师从教的"心路"，学校采取跟进策略，逐步形成了一批育心管理队伍、心动德育、心智课堂、童心校园。学校成了本区域老百姓信赖的优质学校。

（3）需要改进的地方

通过听课和课堂的观察，正如其校长所说的学校在最近几年才开始的"心智课堂"还不是很成熟，特别是学校扩展后新的教师的进入，没有及时地跟进课堂改革的措施，课堂心智做法和效果感觉不明显，还留存着以教师为主，学生被动学习的传统课堂氛围。尽管采用了一些手段和措施，但没有从根本理念上突破，课堂没有质的突破。

（4）值得学习和借鉴的地方

这所小学的心理课程建设和心理课程资源建设值得借鉴。因为这所小学传统的历史原因，很多学生寄宿在学校，长期没有与父母见面，相当于当下的留守儿童，所以，教师从内心关爱学生，学校从心理上辅导学生，这是明智和及时的教育补充，这是学校为学生做得最有价值和最需要做的工作。

学校的办学特色"育心教育"提炼和定位得很恰当，创建路径很明确，先从育心干部队伍和心动德育抓起，一步一步地推进，努力营造童心校园。近期重点突破心智课堂和育心课程，使得学校办学思路清晰，目标明确，行之有效。

赢在课程，学校的三级课程建设（国家级核心课程、校本特色课程、个性化课程）都是值得借鉴和思考的地方。

他山之石可以攻玉。这所小学的办学历程和办学特色对今天优质学校的建设有所启迪，值得借鉴。

（十）以一斑见全豹——看好教育有感

作了一周的影子校长，让我大开眼界，作为校长中的一员，回来再听同行的介绍，通过六所优质学校的全方位观感，作为个人对北京的好学校好教育有七点感受：①学校有特色；②校长有思想；③办学有理念；④校园有文化；⑤课程有特点；⑥教师有理想；⑦学生有个性。

为什么这么讲呢，我个人从影子校长的眼光来说明这几点。

（1）学校特色：学校定位独特，特色鲜明。

（2）校长有思想：校长提出了五养教育思想（慢养、顺养、牧养、素养、调养）。

（3）办学有理念（让基础教育回归本真，做最好的自己；脚踏实地做事，顶天立地做人）。

（4）校园有文化（提出尊、敬、创、公、和的工作文化，倡导"适合是最好的教育"的文化理念）。

（5）课程有特点（四季课程——"实与活"课堂）。

（6）教师有理想（师德为先、专业立教、廉洁从教、爱生如子）。
（7）学生有个性（生活自理、学习自主、行为自尊、健康自强）。

每一所好学校呈现在我们面前的都是有个性的学校，校长的思想管理策略让我们感受很深。

（十一）日本教育共同体的启示

日本同属于亚洲儒家文化浸染的国家，它也是一个非常重视教育的国家。目前，日本的学校，有着比较特别的地方，如学校的班额比较小（小班制），尤其是日本家庭的全职妈妈居多，对孩子的教育显得更加重视，学校内外形成了比较完善的社会共同体，从校内到校外，从社区到父母，共同教育和爱护孩子，有别于我们国家的一些做法，值得借鉴：

（1）社区委员会。主要是护送这个社区的孩子上学、放学。
（2）父母教师联合会。有别于我们国家学校的家委会，他们可以组织家长讲座，借用学校的场地，完全是家长自发自治的一个群众性的组织。
（3）纯校外组织。这些组织同学校没有什么关系，它在这个社区负责组织家长和孩子共同参加规模性的活动，比如，拔河比赛、参观科学馆等。
（4）校内共同体。一个班级、一个年级的同学可以分散进行跨班活动，有点像我们国内的学校社团组织。

在这些组织和活动中进行团队建设，会从很多细节考虑。比如，每个学生上学要戴一顶红白互换的帽子，准备两双鞋子，一双上体育课穿，一双进校园穿。每人还要准备上运动课的短裤。每个班级的学生最多不超过25人，教师实行包班制等等，这些与我们国家的学校管理和要求有所不同。这些不同带给我们怎样的启发呢？

笔者认为：一是团队精神始于一种行为习惯；二是纪律要求从小就在细节中体现，细节决定成败；三是有强有力的纽带的社会才是真正的社会；四是学校教育是发展儿童社会性的重要场所；五是丰富的共同生活和复杂对话的机会是养成社会性行为习惯的保障。

（十二）学校管理者要思考的重要方面

有关学校的管理，笔者的感受是主要从宏观理论专项实践层面的学校、学生、教师、课堂和课程方面做些思考。

第一，在学校文化方面，从一个角度向我们展示了一所学校坚持以科研和课题的方式，从实践到理论探索实践和谐教育的成功经历。这也正是广州学校正在进行的"特色学校"建设的方向，为此，启发很大。

二是学生方面：北师大教育学部的谷贤林老师的《学业不良行为的特征、成因及转化》从理论层面系统地分析了这一每个学校都会碰到的问题。从教师、家长的角度如何对待孩子在学校和家庭面对孩子的具体问题的管教方法，学业不良学生就像一把生锈的锁，能不能转化他们，关键是我们要找到能开启他们心智的钥匙。对此，还提出了解决学生的问题，不仅在学校，更重要的是在家庭，不仅要给学生开班会，还要给家长开班会。同样，我们卓越班校长的特色报告中都有很多不同的有效实践：如白云区汇侨小学"用书香润泽学生的心灵"，天河区员村小学的"快乐教育"，骏景小学的"生本教育"都是把学生放在学校教育教学的首位，通过不同形式，因地制宜的特色建设在各自实践着校长的办学主张，并且焕发出学生的生命活力，得到了很有借鉴的方法。

三是教师层面：《关于教师职业倦怠期案例的分析》报告，基本上每所学校的校长在分析学校内在问题时都会不约而同地说：学校经过十几年或几十年的发展，现在最大的问题是教师职业出现倦怠期。对于这一现象，我们如何破局，不只是从物质层面去满足，更重要的是从精神层面去关怀，教师需要关心、关注，教师需要认同和搭建平台，需要关注教师背后的东西，从教师的角度去考虑问题，这样我们才能彼此理解，达成共识，所以说，一个学校外在的是校园，而内在的是文化，是教师和学校共同认同的价值取向，笔者认为这才是激发教师生命活力的核心所在。

四是课堂和课程建设：特别是北师大朱京曦教授关于《信息技术与课堂教学改革》的专题对笔者启发很大，应用信息技术在课堂教学改革的作用主要有两方面：一是网络学习环境，二是移动学习环境建设。目的是利用信息技术支持学生开展自主、合作和探究的学习方式改革。技术上不断推进和向上的发展方向是：多媒体与认知化教学、有交互式媒体与互动教学、网络与个性化学习。对此，我们学校的课堂正是缺乏这种技术的应用，如果把这种技术和我们现有的生本课堂结合就会如虎添翼，高效至极。

正如古人所说"学而不思则罔，思而不学则殆"，学、思、行相互结合，一定会大有裨益！

（十三）也谈学校教育现代化的现代追求

二十多年前，邓小平在北京景山学校提出了教育的三个面向：教育要面向现代化，面向世界，面向未来。对这一具有历史和现代意义的高瞻远瞩的提法，让笔者这个年龄段的老教育人印象深刻。2016年10月—2017年1月笔者到北京学习，亲自找到了北京景山学校，站在校门前久久凝视着"景山学校"这几个字，并且拍了一张合影，感觉在这个时代再来回首这几个字，回味无穷。今天，我们的学校作为教育的直接场所，教育现代化体现在哪里？实践得如何？学习期间，笔者听了芳草地国际学校刘校长的解读，对于他们学校教育现代化的思考和实践，有些感受，很多地方都有共鸣。

首先，何为教育现代化？教育现代化，就是用现代先进教育思想和科学技术武装人们，使教育思想观念、教育内容、方法与手段以及校舍与设备，逐步提高到现代的世界先进水平，培养出适应参与国际经济竞争和综合国力竞争的新型劳动者和高素质人才的过程。具体包括教育观念现代化、教育内容现代化、教育装备现代化、师资队伍现代化、教育管理现代化等。

笔者觉得，作为学校，上述的理解应包括物质和精神层面的现代化的范畴。如设备、校舍等这些，用钱基本上可以搞定。思想、内容、方法、手段等软性的现代化非一日之功，也非金钱所能。所以，笔者认为：教育现代化最关键的是人的现代化。作为学校，重要的是关注学生和教师。

对于学生，党的十八大报告高屋建瓴地指出，立德树人是教育的根本任务。所以立德树人是我们教育现代化的人才观的核心内容。如何对学生立德呢？如何立？树何德？这才是我们学校进行教育现代化的价值取向。立要有时代性、规律性和有效性；德有大德、公德和私德。这些问题我们必须界定好。树人就要把孩子培养成孩子，把教师培养成教师。孩子的天性和核心素养是培养的关键，教师的人性和核心素养是关键。作为学生的天性具有善良、正直、活泼、动脑、动手等，教师的天性是爱、无私、奉献等。这些天性我们学校管理者要充分地呵护。对于学生核心素养就是文化基础、自主发展、社会参与三位体系下的构架体系。教师的核心素养就是理性思考、感性表达、有效组织。理性思考主要思考学（学生、学科、学习）、课（课堂、课业、课程）、教（教师、教育、教学）三方面。

对于当今的教师群体，我们要体现它的幸福感是培养教师的核心价值，我们要让教师从"神坛"上走下来，远离俗气。要在收入和感恩的叠合中寻求最大值，这是我们管理者必须思考的问题。收入与感恩的交集越大，幸福感就越强。

其次，教育现代化必须有国际化和信息化的外在和内在的必要条件。作为一所国际化的学校的象征，并不是学校的外教有多少，出国访学的有多少，接待的外国友人有多少。笔者认为，学校国际化主要体现在：①跨文化的交流，就是上面所说的国际化活动、友好学校、互访、游学等；②理念上要有国际的理解教育、中西先进教育的理念融合；③课程要分科与融合的课程、国际课程。④要遵守规则，要有质量标准。

作为教育现代化的条件之二就是信息化。信息化要具有当今的互联网思维和"教育+"的思维。

最后再回到邓小平提出的三个面向，教育要面向现代化、面向世界、面向未来。教育要做到"三个面向"，就必须是一个开放的体系，实行开放办学。开放式办学就是在信息上与外界交流，有吸收也有输出。

所以，立足今天的教育，我们还是要好好思考这三个面向，尽管我们在教育现代化已经走出了一步，但如何面对世界、面对未来，我们教育人还任重而道远。

（十四）特色学校建设的几个关键方面的阐释

作为新的优质学校，要办成有特色、有个性的学校，不能"千校一面"，要办出人民满意的教育，这一点对于我们校长来说，是当前必须考虑和实践的问题。但是，在创建特色学校的过程中，有几个方面容易忽视或者不容易重视，以为找个专家和一批人马到学校呆上几天，从理念入手，顶层设计一番，拿出一个文稿，再花点钱把学校外在环境整治和装饰一下，就说自己是特色学校了，所以，我们作为校长，有几个观念要改变。第一，一所特色学校的创建过程非一年半载，而是十年磨一剑。第二，特色学校建设一定要根植于课堂教学才有生命力，特色的理念要有形或无形地渗透到学校的课堂教学之中。第三，特色学校创建要体现在学校教育教学各个方面，这个特色就是一条红线，贯穿在学校的各项工作中，就像一个纲，纲举目张，才能看成它的生命性。第四，要有体现学校特色建设的特色课程体系，通过特色课程来支撑学校的特色建设。第五，教师在课堂教学中要体现特色理念，要让教师知道，理念比模式更重要。为了模式而教的课堂没有生气和活力。有些牵强附会的模式会绑住教师的手脚，使他们不能放手创新。这些新的感想对于笔者本人来讲是进一步优化和实践特色学校创建的新的指引。特色学校不是一面牌子，而是不断创新的创建过程，即使我们获得了某某特色学校的牌子，我们也要在每一年都有新的进步，要对学校的发展全面优化，要发挥特色的整体功能，从每一年的计划入手，从平时的会议、学习、活动抓起，一步一步向上走，只有这样，特色学校的创建才有生命力，特色学校创建在路上……

（十五）行走在教育的春天里——感受务实、真实的教育

北方和南方教育相比，一个粗犷，一个温雅。从参观学习的北方的两所小学（石家庄市裕东小学和维明路小学）的课堂和环境，从领导到教师，从学生到课堂，都给笔者留下了深刻的印象。

第一，从学校来看，两所学校都有自己明确的办学理念和办学特色，都是

以培养学生终身有用的东西为核心，他们的"培植文化根基，成就幸福童年""芝兰维明，君子风采"都以文化和君子之气节的高度来培养学生，站在学生成长的视角来进行学校文化和课程建设，都起到了很好的成效，得到了社会家长和上级领导的共同好评。

第二，从管理上以不同的视角提升学校发展的空间和后劲。这一点对我们有启发和思考。

视角一：寻找学校的生长点。作为一所学校发展的生长点，这些生长点要从教师和学生的视角去关注和关心，只有能够触动到师生内心深处的东西才能打动师生。结合笔者的学校，我们要关心关注和他们有类似的地方，例如教师中午用餐的问题，教师为了吃午饭到处"打游击"。尽管当前的办学条件有所制约，但是，我们也应该在今后条件许可的情况下，第一时间为师生解决中午吃饭的问题。

视角二：教师内驱力的挖掘和自我发展。孔子说："己欲立立人，己欲达达人"。正如我们学校的校训中的一个字"恕"，就是己所不欲勿施于人。作为校长和行政要先修炼好自己，才能带动教师这个群体，不论是工作还是做人做事，都要率先垂范。所以，在学校要重点建设年级组、学科组、名师工作室，以此来带动学校整体教师队伍的发展。

视角三：基于核心素养的课程开发和开放。这两所学校都建立了基于学校自身特点的课程体系：比如，裕东小学的基础课程、实践课程、个性化课程和特色化数字化课程，都以课程的要求来进行设置和部署，即使是原来的春游和秋游，把它当成是"踏青游学"课程来设计，把学校操场边可利用的墙角开辟出来让每个班的学生管理变成一门种植课程，把传统节日变成家庭和孩子的实践课程，把学校的新生入校、开学的开笔礼、毕业礼等仪式做出课程，把每一件事情都做好，做最好的自己。这些做法和我们自己的想法不谋而合，而且，他们已先行一步。

视角四：做善事行善，让孝善文化根植在每一个儿童心里。目前，裕东小学已经把学生的慈善行动辐射到西藏等边远的山区和有贫困儿童的地方。通过暖冬行动、关爱行动点燃学生的爱心。这种做法正与我们学校的校训的另一个字"善"的行动有共通之处，我们可以借助他们的平台，把善行播撒到更远的地方。

维明路小学的迎兰客、结兰交、谱兰章的办学思想在学校接待我们的过程中让我们深受感染。特别是"以父母之心办教育"的办学理念让我们动容。总体感受到这一所超大规模的学校在不足15亩地（约1万平方米）的地方办学，他们挖掘每一寸地方为学生服务。以笔者个人的评价有三点值得肯定：一是

"小天地，大乾坤"。地方不大，但学校的各项活动和课堂课程建设丰富多彩。听了两节课，课堂真实有效。二是学生虽多，但井然有序。2500多名学生在唯一一个操场活动没有出现混乱，这说明了学校有效的管理和学生的文化素养。三是为每个学生提供舞台，做最好的自己的理念和行动不只是口号，而是根植在学校的行为文化上。

(1) 高效能的育人模式，拓宽学习实践领域。

"三结合教育"在今天可能算不上是什么特色，但是，全国教育第一个提出三结合教育的学校当初以宽视野的思路提出了这一育人环境，确实是一个创新。今天的学校在"以学校教育为主导，以家庭教育为基础，以社会教育为依托"的"目标一致，内容衔接，功能互补，和谐互动，合力育人"的多元参与、互动开放的办学模式，促进了学生主动和谐发展，促进了教师的专业发展和学校的持续高位发展。当今又根据大数据时代，"互联网+三结合教育"的深度探索，为学校特色发展注入了新的活力，这说明传统文化不断创新也是学校发展不竭的动力，这一传统做法不断创新的教育模式值得我们思考。

(2) 面向未来的"融慧"教师专业化发展。

学校构建塔式教师培养模式，提升教师的专业素养，使教师在教育教学行动中得到提升和自我完善。充分利用学校自有的各级骨干资源，发挥辐射和引领作用，通过"四格"培养，提升教师专业发展。青年教师的"入格"培养——传承青年教师学习小组。师徒结对，评比展示，菜单培训。骨干教师培养，学科组"风格"培养——评选优秀学科组。

信息中心研发小组：①集中年轻教师试用新开发的软件。利用高学历的一批教师，打造专业教科研团队。这些不只是信息素养，更重要的是教育观念的转变。信息化打破空间壁垒，微课推倒教室围墙。②搭建广阔信息平台，全面培育核心素养。③借助微信公众平台，提升师生幸福指数。随着绩效工资的推动，用仪式感和成就感来激励教师，把每个活动做得像"感动中国"一样，对提升教师的幸福感和价值感非常有效。

他山之石，可以攻玉。联想到骏景小学的校训"善恕慧雅，生生日新"，回到学校，我们可以推出学生和教师的两个层面的评价体系，学生以"雅慧"学生评选，教师以"慧雅"教师评选。推动和激励学校师生的进步和发展。

(3) 扎实有效的特色学科月，点亮学生们的校园生活。

学校强调以奠基未来区域教育理念为指导，树立科学的质量观，注重发挥数字化校园的建设优势，开展了系列教学方式和学习方式变革的探索实践，实施开放式教学。为了让学生充分感受学科的魅力，体验学科学习的价值与快乐，学校充分利用各种资源开展了贯穿全年的"学科月"活动，每月一个学科进行一系列的活动。一个又一个涵盖所有学科的精彩的特色月活动，不仅让教师们的专业水平得到提升，更重要的是让学生们体验到在玩中学，学出了兴趣，学出了门道。让学生在学科活动月中参与其中，乐在其中。为学生的未来发展奠定了坚实的基础。

学校校长管理的严谨、规范和扎实非常重要。校长的教育梦想就是："我理想中的学校就应该是让教师享受教育幸福、学生享受成长快乐的地方。"

启发和思考：初睹这所学校的校园门口的构造和建设，类似我们骏景小学这所小区学校的特征，它的外显文化建设的设计和装饰，以家为主体的环境元素的设计值得我们学校参考。

学校持久坚持三结合教育的实践也启发我们，一个学校持续不断地坚持一个正确的方向，并且不断地创新，学校才会取得新的成效。

学校的发展最终的依靠是教师，受惠的是学生。因此，高屋建瓴地建设教师队伍，服务于学生的方向应该始终是一所学校创办为人们满意的教育的根本。

笔者认为，教育也是相通的，无论你在南方的教育高地，还是在北方的偏远重镇，作为一名教育人的思想和实践都具有可借可鉴的地方。从中感受到北方教育的真实和实做，也感受到校长的胆识和魅力。一所有着五十多年历史的学校，校长坚持己见，做"慎独"，学校得以成功成名。学校以"慎独"为文化核心主旨，以科技和国防为两翼提出了一主两翼的办学策略，经过长期的实践和积累，学校在教育教学很多方面做了扎实有效的文化和知识积累，整个学校的文化外景和场室内涵上呈现出非常厚重的外显文化。

做教育不能务虚，做教育不能追风，虚就是墙上草，随风飘荡，不能落地，不能生根。教育必须务实，以学生的发展为根，为学生的成长搭台，空间不是问题，大小不是劣势，只要有"以生为本"的理念，教育才会出现生命的活力。

（十六）一所学校看得见的是校园，看不见的是价值观和行为方式

今天的话题重点谈谈一所学校艺术教育活动的思考。笔者认为：艺术是什么？主要体现在下面四个方面：一是艺术表现，二是艺术能力状态，三是让人富有情感，创新精神想象力，四是表现生活艺术形式。

艺术教育应该让学生升华生活的能力。艺术教育的内容就是训练学生的表现能力，其一是审美能力，其二是自己去表演的能力。艺术教育就是对生活的理解，最终是热爱生活、享受生活的美好。这些因素才是我们学校进行艺术教育的核心所在。如果广而泛之，扩展的艺术教育就是指在广阔的学校教育领域活动中开展的学科教育，如科学课和数学课。教师的教学如果提升到了一种艺

术的境界，让学生在这些学科中享受到科学和数学的魅力，那么这些学科也是一种艺术，这些老师呈现的教学也是一种教学艺术。

如果从核心素养方面来理解艺术教育，就是留本省末，主要是学生对艺术教育理解力、审美能力的提升。

结合到我们目前学校的艺术教育现实，如果是一所成立不久的新校，可能更关注学校艺术学科进行的培训，把音乐、美术等艺术获奖作为近期目标是可以的，但是对于我们这样已经在艺术特色项目有成效、有影响的学校（如合唱、舞蹈、美术等在国际、广州各项等级中获奖，学校也被授予广州市重点艺术基地学校），更多的是重点关注这些成绩和少部分学生的为了比赛进行的培训，所以，我们这些培训对象还是一小部分学生，还是以比赛为目标。当然获奖的背后有专家的指导，更多的是学校艺术教师的努力。因此，从学校高一层次的思考，在今后学校艺术教育的发展中，我们更要面向全体学生进行艺术技能培训，对教师进行所教学科的艺术教学水平的升华。因为熟悉一门艺术技能，对一个孩子今后的人生更富有情趣，正像教育部要求的那样，每个学生要有"一体一艺"的技能。

目前，我们学校已经成为社区艺术研究院基地学校，学校可以通过基地扩大学生实践和扩大艺术视野的机会，这对师生的艺术教育都有很好的作用。

我们认为，愿意思考的家长就是合格的家长，愿意思考的教师就是合格的教师，愿意实践的学校就是一个有希望让学校成为艺术教育创新的学校。同理，愿意这样思考的校长，应该是为学校艺术教育受益于学生带来福音的校长。

艺术对人的后续发展太重要了。著名科学家钱学森常说，他之所以能在科学上取得如此成就，得益于小时候不仅学习科学，也学习艺术，培养了全面的素质，因而思路开阔。是的，科学和艺术是永远连在一起的。因为艺术里所包含的诗情画意和对人生的深刻理解，丰富了人们对世界的认识，使人们学会了艺术的广阔思维方法。所以，作为校长重视艺术教育对于儿童发展的特殊作用，应该提升到作为一所优质学校的标志性的思考。

一所学校看得见的是校园，看不见的是校长所倡导的共同的价值观和师生的行为方式。

二、班级

下面是骏景小学老师班级管理的一些心得。

如何在班级管理中实践生本理念

　　生本管理就是以人为本的管理，是确立人在管理过程中的主导地位，从而调动人的主动性、积极性、创造性，以实现组织目标和促进人的全面发展的一切管理活动。本文将运用生本管理的教育理念，结合作者自身多年的教育教学实践经验，阐述生本管理的内涵与特点、实质与目的以及班级管理的方略。

　　在学校教育教学过程中，学生是教育的主体，是教育变化过程的载体。现代化的教育管理中，无论是普通教育还是职业教育，只有真正做到以学生为本，以生命为本，才能构建互信、文明、健康的新型师生关系，促进学校教育教学工作的和谐发展、科学发展，提升教育教学的质量。

　　班级生本管理方略：

　　（1）注重教师与学生情感的沟通。人与人之间最重要的是情感交流，教师与学生的情感沟通是班级生本管理的首要策略，是做好班级一切工作的基础。教师与学生的情感沟通绝不是简单的三言两语和浮于表面的交流，而是要以诚相待的真心沟通，教师只有真正深入到学生的心灵深处，了解学生的心理需要、学习动机和发展需求，才能建立起和谐的师生关系，达到情感沟通的效果。关注学生的需要是情感沟通的基础，学生的生理、安全、归属与爱、尊重和自我实现的需要是否得到满足，主要取决于教师在班级管理中对学生精神待遇的高低。因此，教师要千方百计地提高学生对精神待遇的满意度。

　　尊重与欣赏学生是情感沟通的重要前提。尊重、理解、宽容、欣赏是人际交往的重要内容，也是精神需求的内容。"尊重"被认为是人的一种基本需求，人的这种渴望尊重的需求是否得到满足，将直接影响到一个人的发展。因此，教师要尊重学生的个性，尊重学生的人格，理解学生的思想感情，宽容学生的过失，欣赏学生的进步，让每一名学生拥有归属感和安全感。

　　建立和谐的师生关系是情感沟通的关键。要建立和谐的师生关系最重要的是情感投入，最基本的环节是信任。如果信任出现问题将会挫伤学生的积极性，因此，教师应努力构建以信任为本的师生关系，让每一名学生享受到真诚的温暖与和谐，进而激发其强大的学习热情，为班级的发展增添生机与活力。

　　（2）构建文明和谐的班级文化。所谓班级文化是教师与学生在学习、工作和生活的过程中所拥有的价值观、信仰、态度和行为准则。良好的班级文化需要管理者的长期积累，在其中教师的榜样和导向作用非常重要。良好的班级文化能使每一位学生对未来充满信心，充满憧憬，对学习富有责任感和积极性，教师与学生、学生与学生之间能自由交流沟通，师生为了共同的目标努力时能齐心协力，学生能愉快地接受老师布置的任务。可以说，班级文化对学生的管理既是无形的，又是有力的，学生融入其中，一言一行都是班级文化的折射。应该说，健康向上的班级文化能激发班级成员的进取精神，弘扬班级正气，使班级生本管理的效能最大化，职业学校的班级文化更应体现职业教育的特色以及专业的特色。

教师要打造健康向上的班级文化，首先是让学生时刻提醒自己应该做什么，明确自身的努力方向，通过主题班会活动，参观典型企业，走访典型人物，参加社会实践活动等等，形成班级的主流精神导向，使学生对班级文化有归属感。二是创造条件形成班级"宽容和接纳"的精神氛围。班级中的学生具有不同的特有文化，在班级管理中，要尊重不同的学生文化，要创造条件在认同班集体精神文化的基础上努力实现学生个性文化的自由张扬，并使所有学生能形成宽容、接纳不同思想和人格的胸襟气度，让每位学生的个性得到张扬。

（3）构建学生自主管理的平台，学习型组织理论认为，"自主管理"是使组织成员能边工作边学习并使工作和学习紧密结合的方法。通过自主管理，组织成员可以自己发现问题，自己选择组成团队，自己选定进取的目标，自己分析原因，自己制定对策，自己组织实施，自己检查效果，自己评价自己。团队成员在自主管理的过程中，能形成共同愿景，能以开放的心态互相学习，不断掌握新知识，不断进行创新，从而增加组织创造未来的能力。

（广州市天河区骏景小学　张瑜）

骏景小学特色班级管理

骏景小学特色班级申报方案：

一、意义

以生为本的班级建设是学校德育工作的重要载体。一直以来，我校坚持"以生为本，一切相信学生，高度尊重学生，全面依靠学生"的办学理念，以"学习快乐、素质提升、成绩优异"为目标，坚持"人人有机会、人人得发展、人人能成功"，为每一位学生成长搭建舞台，班级管理、班级文化建设取得显著成绩，学生的自主性、独立性、创造性大大提升。为形成班班有特色、班班有精彩的良好校园文化氛围，从本学期开始，学校将开展特色班级申报和评比活动。

二、范围

凡是学生参与面广、持续时间长、兴趣比较浓厚的项目均可作为本班的特色。可从学生的自主管理、精彩的课堂学习、大阅读推进、经典教育、学生社团、班队活动、成长评价、家校合作等方面作为本班的最大亮点或特色项目，向学校进行推荐和申报。

三、做法

每班至少申报一项，鼓励多报。建议高年级可发动学生展开讨论、收集典型材料（可文字、可图片）、总结典型经验。

四、评价

各班级开学初做计划，期末进行申报总结。学校将对特色班级进行表彰，将最具特色班级向全校进行展示宣传，以便学校全体师生相互学习、相互借鉴、共同进步。

每一个班级是孩子在学校六年的学习场所，更是老师和孩子们的共同家园。温暖、进步、充满创意的班级需要我们与孩子共同去创造。

骏景小学特色班级申报表：

班级		班主任	
特色名称			
用几个关键词描述特点			
具体做法或措施			
主要突出表现			

"班主任准入制"：

要让最好的老师当班主任。其中，学校为此专门实施了一个课题"班主任准入制的实践与探索"，形成了"546"的操作模式。

（1）"5项制度"，构建起班主任准入的机制。从资格准入制度到职级晋升制度、岗位培训、考评激励与退出机制。

（2）"4项标准"，包括准入、资质、结构标准。

（3）6项策略予以保障。

通过这些措施，形成了班主任由"见习—初级—中级—高级—特级"五级的金字塔结构，每个级别有不同的津贴相对应。从见习期的每月150元到特级的每月800元不等，未经培训的老师不能成为班主任，让优秀的教师成为班主任。这样彻底打破了"干与不干一个样，干好与干坏一个样"的平均主义和老好人主义。

综合大组下的小组有效管理：

学科教学管理的一个特征，就是学校科组管理分成语文、数学和综合三大科组，特别是综合科组涵盖了英语、体育、音乐、美术和科学等学科的大科组。它的优势在于通过科组活动，让不同学科的教师可以借鉴其他科组的优势，取长补短，进行学科互补。比如，英语学科的课堂活跃、美术学科学生的动手能力强、体育课学生的活动多样等都可以互相借鉴。

举行两周一大组的教研活动、每周一次的小组活动，这样既共享了教研成果，又突出了学科本身教学特点。学校隔三差五安排全校性的公开课，让教师一起研讨、展示、分享。在实践中，学校在综合科组开展了两节连上的课程改进，比如，美术课、科学课等科目，一节欣赏，一节动手，两节连上，效果很好。我们在观看美术教师准备参赛的美术作品时，看到作品在绘画中把科技、音乐的元素融入绘画中，科艺结合、创意独特。我想这样的作品去参加比赛，肯定有优势，有成效。

他山之石可以攻玉，小处做大文章，这些做法也启发我们，在学校教学管理和科组管理上，如何尊重学科性和兼顾学科相容性，都有思考和实践的空间。在课程的设置上也可做文章，在单位时间内，发挥更大的教学效应，也是我们教育管理者要思考的问题。

（广州市天河区骏景小学　郑海薇）

班级是师生共建成长的"家"

班级是学校教育活动的基本单位，也是学生学校生活的基本所在地。班级的状况直接影响到学生对于学校生活的感受和参与程度，影响到学生的个体社会化和个性发展水平，影响到学校教育的成效与质量。

回顾多年来当班主任的经历，我深深地体会到班级文化建设的重要性。具体说来，我的体会有两个：

一、班级文化建设是一种无可替代的教育因素

（1）班级文化建设与不建设、建设得好与不好对于学生的健康成长是完全不可同日而语的。这是因为，每一个学生总归属于一个班级，班级是学生在学校中学习、成长，开展各种活动的基本场所，是学生在学校中的"家"。班级文化是学生受教育最直接、最重要的影响源之一。可以这样说，班级文化建设是一种无可替代的教育因素。教育因素隐含于每一条标语、每一句格言，每一幅图画，每一张彩纸之中。实践证明，只要充分注意到教育本身的层次性、阶段性，与班级、学校的中心工作相配合，从内在的奋斗目标的确立到外在的环境布置都进行了精心的设计，能使封闭的教室成为教育的阵地，从而促进学生健康地成长。

（2）加强班级硬件环境的创设。为了形成良好的班级文化氛围，首先就要加强班级硬件环境的创设。因此，我在布置教室时，注意到形式要生动活泼，内容要积极健康，力求寓思想教育于可感知的情景中，造成一种意境，让学生

产生愉悦感，逐渐形成认同感。实践证明，这些环境因素潜移默化地影响着学生日常的思想行为，从而促进了优良班风的形成。

我班教室前面上方悬挂着国旗，教室墙壁挂着祖国的地图，电脑台上放着地球仪，学生行李柜上放着墨绿色的水壶架和精致的书架。除此之外，教室还有创新板、黑板报。这两个板块是我们宣传的主要阵地。结合学生年龄的特点及学校的教育内容，我班办出了自己的特色。

创新板是我校一大特色。这个板块，极大地激发了学生的创新精神。这个板块上，有学生的绘画作品，有学生的优秀作业，有充满挑战的题目。丰富多彩的内容为学生创造能力的展示提供了机会。

丰富多彩、色彩斑斓的黑板报，是同学们喜欢的宣传板块。在这里，学生可以尽情地发挥自己的创造力，展示自己的才能。这些板块内容丰富，构思新颖，童趣十足，学生能看懂，能理解，易接受。

我们的教室处处隐含了教育因素。教室里宽敞明亮的窗户下面有两大块空地，我们没让它闲着，而是组织学生大胆地进行描绘。学生在这里，描绘了广州的现状，憧憬了中国的未来，尽情抒发了自己热爱祖国，热爱家乡，热爱生活的感情。

（3）加强班级软件环境的建设。要形成良好的班级文化氛围，还要加强班级软件环境的建设。为了增强集体凝聚力，加强师生对话，加强同学间的团结与进步，塑造班级独有的特色，我们先后出了两期《快讯》专刊。专刊有老师的作品，更多的是学生的作品。看到自己写的日记、画的画、自己的照片印在书上，学生们一个个欣喜若狂。

专刊不仅受到了同学的欢迎，而且得到了家长的支持。我班家长也积极参与到我们的活动中来，积极投稿，成为专刊的作者。家长的参与给了我们极大的鼓舞。小小专刊也成为学校与家庭、社会沟通的桥梁，发挥着巨大的教育作用。

二、班级文化建设是培养小主人精神的有效途径

一个班级在班级文化建设过程中，是否真正把学生当成班级的主人，是否为每个成员创造了成功的机会，使他们能找到自身满足的位置，看到自身价值的存在，使他们的兴趣、爱好、特长得到满足和展现，使他们的个性得到健康充分的发展，这是衡量一个班级是否能成为优秀班集体的最根本的标志之一。因此，要把班级文化建设当作培养小主人精神的有效途径。

（1）开展活动，培养小主人自信心。为了培养学生的小主人精神，一年来，我班先后组织学生开展了"做个勇敢的孩子""我是班级小主人""爱国先辈故事会""不上当受骗"等活动。这些活动，无论是组织工作、内容还是形

式,都是一次比一次有进步。记得开展第一次活动时,我忙得满头大汗,学生却自由散漫,师生之间配合得很不如人意。而最近开展的一次活动上,学生却能自己围绕主题选材,自己找时间练习,有些学生还自告奋勇要当小主持人。通过活动,我认识到:只要老师想尽办法,激发学生的参与热情和表现欲望,无形中对学生个体各方面的发展,如合作能力、组织能力、口头语言表达能力等都将起到促进作用。同时,活动也对学生进行了自我教育:不要怕挫折,要放眼未来,一切经过努力都是可以改变的。只要团结协作,齐心协力,就能取得共同的进步。

(2)加强沟通,师生关系日益和谐。为了培养学生的小主人精神,我增强民主意识,及时采纳学生的正确意见,接受学生的监督。如在布置教室前夕,我组织学生开展"如果我来布置教室"的讨论会,集中学生的才智,选出最优的布置方案,无形中培养了学生的审美能力和学生的自治能力。又如我班常年设立了一块"我的心里话"的板子,学生对班级、老师、同学有什么意见或建议,都可以通过这块板子畅所欲言。至今令我最感动的有这样一句话:王老师,能当你的学生,是我最大的幸福。听了学生的这番肺腑之言,我又怎能不感觉到幸福呢!

(3)岗位设置,把小主人地位还给学生。为了培养学生的小主人精神,我对学生不抱偏见、成见,一视同仁,给每个学生创造成功的条件,一年多来,我班学生人人有岗位,并定期轮岗,切实保障了每一个学生小主人的地位和权利,把主人地位还给了每一个学生,让每一个学生进入班级工作的决策过程中来,使他们了解班级工作的上下环节,明确自己应该承担的各种义务。一年多来,我班发展和完善学生的各种组织,逐步扩大班委会等组织的权限,班级的各种组织机构的干部,都是让学生民主选举、自愿承担,并接受同学们的督促和帮助;当学生在工作中遇到困难时,我不代替,不包办,而是让他们大胆想办法,在克服困难中开展工作,自觉锻炼和提高独立工作的能力。现在,我深深地感受到,学生已自觉地把班级工作当作自己的使命,人人有班级小主人的意识。如我班的"生物角",花花草草都是学生从家里带来的,一开始设立了专人管理,但其他学生也很想参与进去,他们纷纷对我说:"王老师,我也捐了花,为什么不让我管理呢?"为了培养学生工作的自觉性和积极性,我在班上宣布,人人都可以参与"生物角"的管理。现在,我班的生物角的植物枝繁叶茂,充满生机。我想,从设置岗位—轮岗—自愿管理,这是学生小主人精神得到发扬光大的生动体现。

一年多来,我和学生共同打造了班级这个成长的家。不仅学生得到了锻炼,茁壮成长起来,而且老师也更新了教育观念,初步取得了师生共同成长的双赢局面。无疑，这是班级文化建设带给师生的好处。

（广州市天河区骏景小学　王清华）

三、校长

（一）人生五十，大彻大悟——我的思考

孔子说，三子曰：吾，十有五，而志于学，三十而立，四十而不惑，五十而知天命，六十而耳顺，七十而从心所欲，不逾矩。读到这里，我曾经进行了几次对照，感觉自己还真的符合这几个时段。

三十岁时成为中学的书记、教学副校长；三十五岁时调入广州担任校长，四十岁时打造了一所广州市一级学校，四十五岁时，打造了一所广州市特色学校，如今，笔者也正式迈入了五十岁大关，所在的学校提升为广州市特色学校。一路走来，自己用心在教育战线奋斗了三十年，但是回想起自己的教育人生，现在好像有点伤感，感觉自己要老了，但另一方面，自己觉得还要干更多的事，有点不服老的想法。比如，很多政策在培养培训干部的时候，总是把五十岁作为最后的一个年龄界线，好像过了这个年龄，就是没有培养前途的一类人，每每看到这样的文件，心里难免有些失落，总有种被领导边缘化的感觉。事实上，教育不是一般的行政岗位，它需要时间和年龄的积累，智慧的生成也不是一朝一夕的，这个年龄的人，从教近三十年，管理经验也有二十年以上，这样的人在教育一线是比较少的，应该成为教育的财富，需要倍加珍惜，培养更进一步，总结更升一层，对于学校或者教育行政部门，这是我们需要更加重视的一类人。

当然，对于人生五十的年龄，我也悟到一些人生的真谛：

要顺其自然，做真正的自己，没有必要曲意迎合，巴结上司。如果被边缘化了，即使是退居二线又怎样？做自己喜欢的事，凡事要想开些，心胸宽广一些。学会淡定、与世无争，珍惜眼前幸福，规划自己的未来，不要依赖别人，过好自己的生活。静坐得幽默，清游快此生。有书真富贵，无事小神仙。既往不恋，未来不迎，当下不杂——这即为"禅意"。

（二）一名校长的追求

下面就我在珠村小学时，从办学理念、办学策略、办学成效三方面谈生本教育。

1. 我的办学理念

我一直有个梦想：鉴于中国教育的现实，中学摆脱不了应试教育，只有小

学才能真正实施素质教育。我想在我的教育生涯中，用自己能够掌控的学校实现真正的素质教育。理念是校长办学的灵魂，是照亮学校前进的灯塔。

珠村小学的办学理念是为孩子们的梦想人生启慧培根。珠村是一个有着800多年的文化古村，乞巧文化有着近百年的历史，文化古迹、名人英烈、乞巧工艺等文化因素都有着得天独厚的优势。学校利用这些资源，有机有效地融入学校的德育、智育、体育、美育中，提出了立足校本、依托社区、文化熏校的乞巧教育的理念，在近十年的探索、思考、实践中初步形成了"乞巧教育"的特色品牌。

珠村小学以前的办学理念是：为学生们的幸福人生奠基。完善后的办学理念同以前的理念相比，由"学生们"完善为"孩子们"，表明了教师对学生的关爱角色的根本变化；由"幸福人生"完善为"梦想人生"，体现了当今的中国梦对孩子的要求，也是蕴含孩子的远大梦想的开启；从"奠基"完善为"启慧培根"，这更加明确了学校要为孩子奠定怎样的基础，就是要开启让他受用一生的"慧根"，即人之根和知识之根。

（1）乞巧教育的理念顶层设计

我将其总结为"一二三四五，乞巧教育谱"。

"一"是指理念：一枝独秀（文化熏校）。

"二"是指课程：二轮驱动（特色校本课程和乞巧活动课程）。

"三"是指主体：三位一体（学生、教师、干部）。对学生：德智双修、身心两健，心灵手巧，达到心巧、智巧、手巧；对教师：德艺双馨，知行合一，巧为人师，达到巧备、巧教、巧辅；对干部：德才兼备，身体力行，务实巧干，达到巧管、巧理、巧用。

"四"是指路径：兵分四路（走近文化、走近节日、走进课堂、走进社区）。

"五"是指策略：五育并重（乞巧育德、乞巧育智、乞巧育体、乞巧育美、乞巧育劳）。

（2）乞巧教育主题的核心内涵

①对学生："德智双修，身心两健，心灵手巧"，达到"心巧、智巧、手巧"。

②对教师："德艺双馨，知行合一，巧为人师"，达到"巧备、巧说、巧教"。

③对干部："德才兼备，身体力行，务实巧干"，达到"巧管、巧理、巧用"。

2. 我的办学策略

学校在乞巧教育理念的引领下，坚持不懈地实施"制度立校、师德奠基、生本兴校、文化熏校、环境美校、特色强校、品牌铸校"的办学策略，具体实施重点在：

①以德为先：以评"乞巧之星"带动学校五星班级的评比，创新了德育工作的新模式。

②以智育人：构建"生本的巧课堂"，让课堂焕发生命活力。

③以体促德：把珠村过年舞龙舞狮、端午节划龙舟、七夕做乞巧等元素和学校的体育大课间活动有机结合，形成乞巧操。

④以美熏心：艺术课以《我们的乞巧》为校本教材，利用本土文化元素有机融入课堂之中。

⑤以劳巧手：在学校的第二课堂，即每星期二的下午第三节课，学校聘请珠村的乞巧婆婆来到课堂做指导，在专门的乞巧手工制作坊里开设乞巧手工课。

3. 我的工作成效

经过近十年的实践和探索，依托地域文化，打造乞巧教育品牌，现初步形成了"乞巧教育"这个学校品牌，呈现出"五育"并举，共铸品牌的成效。可以说是牵一发而动全身，学校教育教学整体发展成效显著。

乞巧德育——2010年12月，我作为"乞巧德育——乞巧文化引领五星少年"这一德育创新项目的负责人，荣获广州市第二届中小学德育创新成果一等奖。2012年8月，作为项目负责人，以"乞巧文化校本德育研究"荣获广东省第三届中小学德育创新成果二等奖。

乞巧智育——生本巧课堂，从2013年6月上学期到本学期开学初，学校的生本巧课堂的做法和成效引起全国生本研究中心的关注。学校的生本英语和数学课堂、行政管理经验、生本德育成效引来全国十多个省市、1000多人次、近十批次来到学校听课、交流互动。学校六年级英语成绩在去年的区抽考中名列区前茅。

乞巧体育——乞巧大课间操连续三年被评为广州市大课间操一等奖。

乞巧美育、乞巧劳育——利用每年的广州乞巧文化节这一平台，全校师生在开幕式上表演及乞巧手工引来成千上万的珠三角地区群众参观，学校的办学成效在《广州日报》《南方日报》《羊城晚报》、广东电视台等新闻媒体广泛报道，被媒体誉为广州乞巧学校。2009年乞巧文化节，国务院副总理、原省委书记汪洋亲临珠村看学生做乞巧手工并鼓励学校加强传承。学校现为广州市一级学校、广东省现代教育技术试验学校、广东省特级档案单位、广州市一级学校、广州市绿色学校、广州市安全文明校园、广州市青少年乞巧文化传承基地。本人也在2013年的广州乞巧文化节上被授予"广州十大杰出乞巧传承人"这一荣誉。就在2015年3月，我代表学校在广东省督学责任区工作会议和全省督学高级研修班上以《巧借督学集体智慧，点亮学校品牌之睛》发言并将其作为会议交流材料，获得高度评价。

《人生定位》这本书中提出了不二原则。回顾十多年的校长管理经历，我也认真做实了两件事：一是用心打造乞巧教育特色品牌，二是着力构建生本巧课堂。应该说，到今天，这两方面得到了成效展现。我总结为"有心栽花花会发，用心插柳柳成荫"。

（三）校长要带着理念上路——南方教育之行有感

行走在江苏教育高地，再回到南国广州，思考和比对后，我感受最深的一点是江苏的城市学校校长有思想、有理念、有办学方略，值得我们借鉴和学习，下面谈三点体会。

（1）校长办学要有理念，要带着理念上路。

有位教育专家说过，校长对学校的领导不是行政领导，而是要用思想领导学校。这里说的思想就是要有办学主张、办学理念、办学策略。如，南京天妃宫小学校长杨俊来到办学有110年的历史名校，他首先思考的不是学校硬件条件的改善，而是观察和思考学校办学特色和办学创新的立足点和出发点。他善于思考，善于发现，善于总结和提升，对学校的工作用理念去引导，用思想去指引，这样学校的发展才能是一个可持续的发展，是一个科学和有效的发展。

（2）校长办学要有顶层设计、要有规划。

校长在办学初期都是忙于事务性的工作，按照上级的指示做些具体的事情，整天忙里忙外，忙完一学期，学校的发展是点上的成绩或成效，没有从整体推进发展。几年或十几年过去了，学校依然如故。但是，名校与普通学校却不同，普通校长和名校长也不同，他们最大的不同点就是对学校有一个有规划的顶层设计，而普通学校只有计划和具体事务。十几年沉积下来，学校的名气就可见一斑。因此，这次外出培训重点了解和学习学校规划的设计步骤和规划要素，对担任多年校长的我很有启发，受益匪浅。

（3）学习要成为校长的工作方式。

纵观江苏南京的校长，他们有思想有想法，重要的是他们善于学习、善于吸收、善于转化。比如南京天妃宫小学的杨俊校长，他的讲座题目是"学校办学特色实践与办学创新思考"，校长讲的内容很多是他思考和学习的观点和想法，很多在实践，很多还没有开始实践，已在做准备工作。说明这个校长是在前瞻性地思考学校的未来发展，改进和改善学校现在状况。这样学校的发展有方向、有目标，按照规划的路径在前行。

南京之行，虽然只有短短三天，但受益匪浅。作为校长，回校后最急于要做的工作就是做好学校的规划，今后要长期长做的事情就是不断学习，让学习成为自己的工作方式和生活方式。淡泊名利、修炼学养，带着理念上路，学校会在校长的引领下卓越不凡。

最特别且值得推崇的理念：让优秀的教师成为班主任，让班主任成为最优秀的教师。

最推崇的做法：实施班主任"准入制"。

南京的小学有几点值得思考借鉴：

最具特色的项目：以"科技+民乐"入手形成特色。

最具特色的打造：双馨教育——为人德馨、为学才馨。

最有效的教科研做法：推进"小专题"研究，助力教师团队发展。小专题推进——全员参入、聚焦问题。

最有效的培养教师方法：通过"逼迫"缩短青年教师培养周期。

最有效的管理途径："四力"和"四精"。四力：执行力、战斗力、凝聚力、创新力。四精：精心、精细、精美、精品。

（四）新理念带来的新思考

2016年9月9日，广州市40名第九期卓越小学校长班成员从广州到北师大，开启了为期三个月的学习培训之旅。经过紧张有序的一周学习，从理念到方法，从管理到实践都有长足的进步，主要表现在以下几个方面。

（1）理念得到更新。

从开学礼北师大副院长李霆鸣的短暂讲话中，明白了一个道理：小学阶段的教育决定一个人今后的个性。就像台湾文化名人李敖的韧性一样，愈挫愈奋，最终成功。

自己的事情自己做，自己做的事自己要负责，以马云的成功说明了这一观点。

（2）管理的新思考。

校长要用经济思想来管理教育。如通过经济手段，把学校的奖励向主要岗位倾斜，向绩效工资倾斜。校长的两大任务就是筹钱和挖人。

小学阶段的教育就是要多花钱，多办事。

学校教育要重视传统教育，要把教育传统中的可取之处为现代教育服务。

如何在教育教学中开展价值教育，要把问题说透，才能让学生自然接受。

小学阶段要以文化自信立德树人。

学校规划制定要从下往上，参入式的理念是学校规划、制度、远景实现的基础。

（3）自我反思，及时体会。

自从以学生的身份进入培训以来，坚持做到了不迟到，不早退，主动学习，积极思考，完全进入了一个学生的学习状态，从一名管理者变成一名普通学生，并且，结合自己的管理实践对照新的管理理念，自我反思，及时体会，取得了自我进步和收获。

总之，一周的学习自己收获很多，有人说，校长的主要工作就是静下心来思考学校的管理和思路，那么，通过学习和专家的报告，让自己开启了思维的多维方向，使自己站在最新的管理理念之下，顶层思考，顶层设计，有种高处不胜寒的感觉。

（五）校长要会"规划"

"规划"是我们再熟悉不过的一个词，但在我们每个人的学习、生活、工作中，往往淡忘了这个词，因此，很多人到退休才恍然——一生就这么平庸虚度过来。原因就是没有很好地规划自己的人生，平平淡淡度过了自己的一生。如果说，一个人没有规划自己，蹉跎了自己的岁月，影响的是自己一个人的发展；如果一个校长没有规划好学校，那影响的是整个学校的发展，甚至是成百上千名学生的前途。

校长是学校的灵魂。校长对学校的"灵魂"作用，很大程度上取决于校长的领导水平，而校长的领导水平更直接关系到学校的运营与发展。校长领导力的一个重要体现就是"规划"能力。

我们总在听说：我们做校长的很忙，从早忙到晚，从"鸡叫"忙到"鬼叫"，可谓辛苦。我们发现，一般的校长的工作情景就是："忙、茫、盲"，造成的工作状态就是："泛、烦、凡"。

台湾一名作家在《做好你自己》这本书中，明确提出：一个人的成长——目标和规划很重要。同样，一个学校的发展——规划更重要，因此，校长要会"规划"，既要学会规划自己、更要学会规划学校。

一名"明白"的校长，要努力做好四件事：第一，要有明确的学校发展定位；第二，要狠抓师资队伍建设；第三，要想方设法宣传自己的学校；第四，要学会弹钢琴、学会分权。

这是一名校长应该认真思考的事情，这也是一名"明白"校长该做的事情。这样的校长才能忙碌不盲目，繁忙不茫然；才能从广泛的事物中解脱出来，从烦心的事情中平静下来，才能静下心来学习、思考。要做一个有思想的校长，做一个不平庸的校长。有这样的校长，学校才会在校长的"规划"下变成一个不平凡的特色学校。

（六）春雨之际，洗耳聆听教育丝雨

本人参加了首届南粤中小学高峰论坛分会场会议，在华师附中会场，教育部中小学校长培训中心主任陈玉琨做了一个短小而精悍的报告，下面分享他的教育妙论：

（1）教育的"正"与"反"。

①"正教育"——为了孩子们的成长的教育，与祖国共命运的教育，回归生活的教育。

②"反教育"——认"分"不认人的教育。

（2）教育的"小事""大事"和"大师"。

教育无小事，其实，教育也没有什么大事，抓好每件小事，就不会出大事，就会培养出大师。

（3）真教育和假教育、真爱和假爱。

假教育——行教育之名，收自己之利的"教育"。

真教育——一切为了学生，为了学生的一切，为了一切学生。

（4）博雅教育。

所谓博雅，就是什么事都要会一点，在一点上多懂一点，这就是博雅教育。学校不能没有博雅教育，不能只有博雅教育，可以不叫博雅教育，但要渗透博雅精神。

（5）"顽皮"与"听话"。

学生爱玩并不可怕，可怕的是学生不会玩，让孩子带着笑容走进学校；一个"顽皮"的孩子胜过一千个"听话"的孩子。

（七）触动心灵的六句话

今日，在督学群上传了一个转帖，题目是"触动心灵的六句话"，读后觉得此话有哲理，用心品味，用行验证，用后来的人生去践行，确有必要，下面一起分享。

①我们曾如此渴望命运的波澜，到最后才发现：人生最曼妙的风景，竟是内心的淡定与从容。

②我们曾如此期盼外界的认可，到最后才知道：世界是自己的，与他人毫无关系。

③我们曾如此计较付出的回报，到最后才懂得：一切得到终将会失去，只能空留一抹浮名。

④走好已选择的路，别选择好走的路，才能拥有真正的自己。

⑤真正的大德并不是对险恶一无所知，而是在经历过苦难之后，仍然保持着当初的善良，坚持着自己的原则。

⑥真正的爱，不是单纯的给予，还包括适当的拒绝、及时的赞美、得体的批评、恰当的争论、必要的鼓励、温柔的安慰、有效的敦促！

（八）新教师培训良策

下面是我的关于新教师培养的一篇报告：

"五子"登科，"搭台唱戏"——关于如何让新教师快速成长话题的交流汇报

所谓对新教师的培养上升到学校可持续发展的高度达成共识，所说的"五子"登科"搭台唱戏"，指的是培养新教师途径——引路子、搭台子、结对子、给位子、压担子；"唱戏"指的是给新教师搭建成长的舞台、构筑研修的平台、根本就在站好讲课的讲台。下面分四点阐述。

形成共识：大家对新教师的培养和使用非常有共识，都认为新教师关乎着学校发展的希望，培养新教师是学校的一份责任，新教师是学校发展的中流砥柱。学校盼望着有新的血液补充学校，但有的学校说出了内心感受：就怕你不来，不怕你要走。校长努力把学校营造出让新教师快速成长的沃土，建设成留住新教师的乐园。

（1）经验所谈之"五子登科"

①引路子——新教师从毕业来到学校，新来乍到，学校要求新教师自我发展定位，提出"一年见习扶着走，二年跟岗同步走，三年力争上台阶，五年就要显身手"的目标。

②搭台子——学校要为新教师的成长主动搭好台子，让他们快速融入学校大的教育教学环境之中。首先从新教师的师德规范、日常管理、团队建设入手提出明确要求，让他们参与到学校的班队活动之中。

③结对子——这是一个有效地培养新教师的方法。按照全美最佳教师雷夫的说法，就是学校要慎重选择新教师入职的师傅，坐到一个有团结合作的办公室里。结好对子，让师德最优秀的教师来担任他的师傅。俗话说：跟好人学好人，好的环境会感染他，近朱者赤，近墨者黑，一个优秀的教师、一个团结的团队会给新教师一片成长的沃土。

④给位子——铁是百炼成钢，人是在压力下才成熟成才。前进小学的副校长刘安明从他自身成长的经历说出了自己成长时上级领导层、各级教研部门、学校领导给他任务、付诸责任，让他在不同的时期担当一定的重任，才使得他不断成长、成熟。

⑤压担子——年轻教师来到学校，他们有热情、有活力、有动力，适当给他们一些任务，让他们在压力下教学、上公开课、担任班主任、担任级长、教研组长，委以重任，对他们成长有好处。

（2）经验所谈之"搭台唱戏"。

学校要为新教师的成长搭建平台、为新教师的成果构筑展示舞台、关键是在课堂上站好讲台。这里的平台要发挥中国的航空母舰辽宁号一样的功能——培训的功能、教练的功能、外出航行的功能。同理，学校搭建的平台也要有自我修炼、教学教研、外出培训、公开课和基本功展示的多重平台。花力气、花资金积极主动派新教师外出学习、听课、交流，内培为主、外修为辅。新教师的自我研修、个人目标追求是内因，学校的培养培训是外因。

（3）成长在讲台。

年轻教师成长的核心是在课堂，在讲台。要让新教师在教育改革的浪潮中成才成长。例如，按几所学校的生本教育的实验，所有的新教师必须先参加一轮广东生本研究中心开设的生本培训班。从教育理念和课堂观摩到讨论进行一轮的提前预热，然后放开手脚让他们担任班主任，放手做生本，在生本课堂上去磨练。把在教育教学中出现的问题当课题，要让新教师敢于超越老教师。要让新教师信任、尊重、依靠学生，在生本课堂上成就自己。珠村小学与骏景小学的新教师的快速成长说明了这一点，不少新教师在三年不到的时间内，为来自全国的生本研修班的老师上课，甚至外出讲课。他们参加生本课堂大赛也纷纷获奖。

（4）思考和建议。

传统意义上说：留住人才要感情留人、待遇留人。但在天河经济发展达到一定高度的区域，我们认为要用价值引领新教师留驻、成长、成才。因为感情会淡漠、待遇会有限，如果教师自己没有目标是没有用的，再好的平台对他来说都是无益的。因此，首先学校必须营造出一种校园文化、教师文化、教育改革文化，让他们认同、融入。要让新教师的行为的背后有学校办学理念、学校核心价值观的引领，有学校文化支撑。让新教师成为教改的弄潮儿，让他们在教育改革的实践过程中快速成长，并且是高位成长。

（九）浅谈校长的"三能"——以演讲与口才为例

说话是一种能力，说话也是一种工具，说话更是一种艺术。作为校长，他应该是教师的教师。教者，传道授业者，所以，笔者认为校长还是"靠嘴"吃饭的人，一名合格的校长如果要变得优秀，必须具有"三能"——能写、能说、能干。写和说可能是有一定的联系，但不是绝对的，有人会写，但说不出来，这就是俗语中所说的"葫芦里倒汤圆，有货倒不出"。有的会说不会写，最好的境界就是会写会说。特别作为校长，成天同学生、教师、家长、上级和同行打交道，言为心声，如果你不会说，你做的业绩可能默默无闻，没有传播出去，学校就没有美誉度，发展就会受阻。"能干"这肯定是必需的，所以，我下面重点谈谈如何说的方面。

笔者在北师大学习时，有幸听了北京青年政治学院教授程立耕的报告，他不带笔记本，没有PPT，讲话涛涛不绝，为我们足足讲了三个多小时的"脱口秀"，从中感受到他语言的魅力，更产生了一些共鸣。笔者认为：会说话的人是一个情商比较高的人，在一个家庭，如果两个人总是默默无语，家庭可能会出问题，越是小吵不断的夫妻越能白头偕老，越是沉默寡言的家庭，越有可能离异。原因很多，最主要的是没有很好地交流，会逐渐影响夫妻的感情。所以，有人说情商比智商更重要。

影响说话的因素有三个方面：第一个因素是语言形成的过程；第二个因素是传统文化和教育；第三个因素是对自己的认识、要自信。要说好话，就要注意以下几方面。

①语音声音最好有特质，有自己的个性。没有特质就没有自己的魅力。哪怕是家乡话，或者带家乡口音的普通话，更有魅力。

②语意要表达准确，这是基本要求，基本要求最重要。

③表达要简单通俗。让人一听就明白，要善于讲故事，把复杂的事讲得很简单。

④表达要流畅和渲染，语言表达是有节奏的。不流畅就没有美感。渲染就是语言的张力，更详细地描述细节。多用象声词，多加形容词。

⑤幽默就是一种状态，是一种境界，是一种智慧，关键在于你是否去营造。

关于表达的话有很多种形式，但是，我们平时最多的和最重要的说话就是即兴表达。要做好即兴表达，最重要的一条就是把即兴表达变成不即兴，看你怎么掌控。有时要有意识地做准备：万一让自己来点评会怎样。

这种有意识的准备，不一定用得上，但是用得上就会效果不同，一定比没有准备的做得更好。笔者有个亲身的实例正好同即兴表达达到共鸣。那次在北师大组织的广州卓越校长北上访学期间，参观了石家庄的一所优质学校，从校长到行政部门非常重视我们的到来，他们热情地迎接我们，一起听课、参观、交流。最后，在大会议室进行汇报后要我们来宾做个交流。当时，我们有四十多人参加，我们都不知道会有这个环节，笔者作为班长坐到了前排，用心地听，有意地想，甚至大胆地想，假如，学校要我们发言，点到了我，我该怎样说，毕竟，作为广州卓越校长培训班成员，不能丢面子，所以，我在听的过程中，有意识地在心里打了一个底稿，如果真的要我讲，我得讲出一点门道来，当然，我也不会主动去说"我来讲"，因为这种场合还是要注意分寸和环节的。果不其然，带队的班主任在听到学校要我们校长也讲两句对学校的建议时，真的点到了我。此时，我不慌不忙，因为胸有成竹，有条有理地说了三点想法。后来，在回程的路上，同行的一名校长说我刚才的发言很好，让我自鸣得意。她不知道，这就是笔者平时在参加座谈会或评审活动中的一种自我准备习惯，这也正好诠释了上面所说的即兴讲话——如何把即兴变成不即兴的一点窍门。

（十）校长的管理真经

在干部管理上也要遵循以人为本的理念。下面是我个人的自说自话摘要。

乐：校长的管理主要是什么？

明：校长主要思考学校的办学规律，校长主要出思想、用干部、给主意。这就是主体性管理，让每个人的能量都激发出来，要建设适合老师发展的管理，适合于学生发展的管理。

乐：选干部的原则？

明：选干部要双向意愿，不想当的不要勉强。想当的要考虑他的动机，如果动机不纯，不能提拔，如果动机不是事关原则性的问题，有点小的不足，可以指出让他改进，如果改进了，可以当。这也是主体性管理的思想。

乐：如何发挥干部的积极性？

明：要激发每一个教职员工的工作积极性，就要用思想来管理干部，只要符合校长的办学思想，你可施展才华才能，要让干部把事情办好，而不是办完了事。更好的是要让干部运用自己的智慧，校长不要一竿子插到底，事无巨细地插手底下干部的工作，尽量让他们自己去管理。校长给出办学思想，放手锻炼他们，重大的人、财、物还是要校长亲自把关。

乐：如何挑选干部？

明：在干部的挑选上，遵循"德才兼备，德为先"的原则。干部一定要政治可靠，为人处事要得体。工作能力强，道德品质不行的人不能用；如果能力一般，德性很好，可以给出一定的时间去锻炼，有一个成长的过程，这样的人可靠可用。另外，干部不要频繁地换，学校要有计划，一步一步地培养干部，最好从自己的学校培养干部、提拔干部，这样可以实现班子的高度统一。

乐：如何培养干部？

明：培养干部要在实践中培养，比如，干部要找校长谈工作，校长必须让他先说自己的想法，如果拿方案来找校长，必须最少拿两个以上的方案，在职责范围内，怎么干就得靠自己，多鼓励干部创造性地劳动，多肯定，不要求全责备，要多挖掘干部的优点，肯定其做法，干部就是这样一步一步练出来，成长起来的。

乐：校长如何赢得干部群众的拥戴？

明：校长的人格魅力是关键。校长要以诚相待，诚信为人，让干部信任自己。如何做到？校长要放下名利，在利益面前，首先想到干部和教师，干部付出了很多，即使干部自己不提出，校长宁可自己不享受，也要让干部享受，责权利相结合。不整人，为人正直，但不是一味做好人。干部的缺点要指出来，不是原则性的小的毛病可以个别指出，带有原则性、全局性的问题要在班子会上提出来指正，不在背后议论，这样才能防止拉帮结派，这样对干部有好处。

总之，用人养人的法宝从古至今有很多，我们自己做得如何，是否有偏差，这对认清自己的管理都有好处。

要使学校充满和谐上进的氛围，校长是关键的关键。

（十一）校长与教师沟通的启发

作为一校之长，在学校时刻存在与教师的沟通问题。如果沟通得好，学校的工作就会很顺利、很顺畅，不断向上走。如何进行有效沟通，首先在于校长的观念。学校的主人是教师这个观念要牢记。只有尊重教师的主人公地位，我们工作的方式才会发生变化。这就是校长管理观的核心——教师观。在平时的管理工作中，我们校长要有三观：

首先要有发展的观念。用发展的眼光看待教师。不同的教师都有不同的发展阶段，新教师、老教师、男老师、女教师等不同阶段和类别的教师，我们都要设身处地为教师着想，要透过教师的学校的形象看到他们背后的不同要求和不同困难，比如，教师家里发生事情埋在心里不说，但他到学校有可能迟到一会儿，作为校长不要过于苛责，要理解和尊重教师，相信他会改进，此时，无言胜有言，无声胜有声。

其次，就是要把教师看成有个性的人。校长要用独特的眼光看待教师。每个教师都有各自的性格和特点，要发现每个人的闪光点，用好他们的特长，发挥他们的优势，才能互补，才能让学校充满生机。

三是要用系统的眼光看待教师。要从教师整个工作系统来看待教师的整体工作，不能以事论事，一俊掩百丑，一丑否定全部。这样，我们做校长的就会把每一个教师看成是学校的主人，是直接依靠的人，学校的工作不是靠一个人，要靠每一个教师的努力和付出。

这就像我们对待学生要因材施教一样，对待教师要因材施管。

通过尊重教师的人格、倾听心声、表达期待，学校的发展就会畅通无阻。

（十二）观念领导是校长在学校管理中需要做的重要工作

我比较同意，校长管理学校主要是思想上的领导这一观点。思想从何而来，实践是基础，理论是启发，反思形成自己的观念才能引领学校发展。

作为校长，要思考学校的发展，就要关注以下几个方面的工作：①提供可实现的目标愿景；②注重对课程与教学的领导；③适时推动学校组织的变革；④注重团队建设与教师专业发展；⑤注重提升自己的专业权威与道德权威；⑥注重对群体价值观念的领导。

这些方面确实触及我的思考。因为有些方面是笔者已经在做的工作，只是没有明确地意识到它背后的理论或者根据，只是感觉到这是校长——一个向上的校长必须思考的问题。比如，课程课堂是校长要重点关注的核心问题。我们坚持多年的生本教育现在正在有效实施，它的生命力就是各个学科在生本理念的指导下，各自根据学科的不同，把课程与教学再造，取得了卓有成效的成绩。关于学校进一步的发展思考，就是要通过队伍建设，持续为教师的发展提供后劲。持续发展生本教育，加大课程与教学再造的力度。因此，方向比努力重要，能力比知识重要，健康比成绩重要，生活比文凭重要，EQ 比 IQ 重要。

（十三）现代学校管理中校长如何调适外部环境的思考——以家校合作为例

家校合作制度的探索和实践最早在 1981 年就有学校在系统地思考和实践了，随着经济和社会的发展，学校也在发展家校合作的实践中思考，如何建立现代学校制度。现代学校制度的建立是以学生发展为核心的制度安排，作为构建整个学校制度的法则，所有的规则都是围绕更好地促进学生发展新构建的。现代学校制度还要为"教师更好地教，学生更好地学"服务。要为学生的发展提供更好的舞台。

学生能更好发展是一个系统工程，需要家长、学校、社会三方联动，不是单靠学校就能完成的。从社会转型的视角来看，学校发展要联合各种教育资源，为培养学生和学生发展服务，而家长这一角色不可替代，因为孩子在家里的时间最长，和家长最亲密，父母的关爱更重要。

从心理学的角度来说，儿童、青少年时期是心理分化极其显著的一个阶段，是各种心理行为的高发期，家庭教育缺失是根本人格缺少的关键。所以，我们有一个观点："家长是最好的老师，家庭是最好的学校，饭桌是最好的课堂。"

有的家长说，他们把孩子送到了学校就是学校管教的问题，家长无能为力。当然，孩子送到学校，学校有教育管理的责任，但是，必须有家长和学校的有效合作才能发挥有效的作用。如果家长过度关注自己家小孩的发展，关注学校管理过程中的一些内部事物，可能适得其反。比如，有的家长对某位教师不满意，要求学校换老师；有的学校做某一项工程可能涉及环保的因素，不管真相如何，就阻止学校工作的推进，甚至联合其他家长来对抗学校。这些貌似关心孩子，但实则过度的关注，影响了家校合作的诚信和深入。

因此，在新的现代教育制度的建立中，我们既要思考如何利用各种资源发展学校，也要规定一些制度来避免家长和社会对学校干政的发生。学校是办学主体，学校的管理要以生为本，如何做得更好，值得思考，例如，我们在学校的重大决策中、在学校发展的规划中，可以成立家长咨询委员会帮忙出谋划策。在敏感问题上可以通过家长委员会现场参与，通过程序，让家长有知情权、参与权，在利用家长社区资源中，进行互动资源加入和培训，即把家长资源和社区资源引进学校，也把学校的有效资源开放给家长，通过家长学校对家长进行培训，提高其参与学校的政策水平、家庭教育的水平。通过明确责任，增强共育意识。深化家校合作措施，引入"兼职校长"制度，定期召开家长、学校、社区联席会议，把知情权、发言权、参与权等权力真正落实。

作为校长专业化水平提升的要求，我们必须重视家庭、学校、社区的三位一体的合作，学校只有把这些环境调适优化，把各种资源整合，创设出这种和谐共建的教育资源，学校发展才会不断向前，学校管理才会更进一步。

（十四）家校合作的生态思考

我作为影子校长，参加了学校的理论学习专题会后有一个特别感受。尽管没有特别的专题报告，但在加入行政班子理论学习的会议中，感受到了这方面的思考。校长的魅力和影响力，在理论学习的氛围中感受到管理文化的影响。在会上，校长重点谈到：家校合作要走入制度化。北京小学七年前就提出了优化家校生态土壤，这一提法到今天已经规范提出家校合作走入制度化。十多年前，可能没有意识到家校合作的意义和重要性。今天的学校已经从原来封闭办教育的状况变成了开放的时代。关注孩子从家长延伸到学校已经是愈来愈烈。学校要从学生的利益出发，关注学生的成长和权益，必须使学校建立现代学校制度，家校合作制度已经成为要认真思考的问题。学校要科学决策，民主管理，合力育人，这些要求既是教育改革发展的需求，也是学校主动适应社会发展的需求。学校再也不能关门办学，必须开放办学。北京小学多年的实践表明，要改善家校关系，从情感上来讲，必须以诚信、感情来和家长建立正常的关系；从管理措施上来讲，必须重视年级家长委员会下移到班级家长委员会的建设。基础的班级家长委员会搞好了，就稳定了学校的家委会工作。这样，在家长和班主任的接触活动的开展中建立了信任和了解，家长就会从心底理解学校，感恩教师，学校的工作就会得到家长的支持。当然，班级活动一定要家长自愿，不能被自愿。这样，班级活动才能给家长传递正能量，鼓舞人心。作为管理者，也要有意识地在校园内外向家长传递学校的向上的信息，宣传学校的优势，通过各种活动适时让家长知晓学校发展的成绩，为学校的发展造声势，出氛围。这样，学校在关键时刻就会赢得家长的支持，特别是在学校出现管理不足产生问题后，家长就会理解，与学校同甘共苦，共渡难关。

当然，今天的家长已经自发形成了网络时代的自媒体组织，通过家长微信群，随时随地在关注学校，更多地关注自己的小孩，因此，学校要引导这些"自组织"的正确舆论导向。要引起我们的管理反思。对自己问题的认知，就是超越管理的提升，家校合作要向社区合作延伸，应建立最广泛的学校统一战线，不能孤立自己，孤军作战。为学校开辟良好的教育生态环境，学校才能在良好的外部环境的支撑下，深化学校教育品质的发展，为学生的发展做实事。

作为校长——影子校长，上述的观点值得思考和反思。

（十五）转型时代，教育回家

有人说：一个好校长就是一所好学校。又有人说，好教师成就好学生，好校长成就好学校。笔者认为后者更靠谱。

（1）学校教育教学改革往何处走的理念指引基本明了。

当今中国教育的改革主要从三个方面在进行：一是"教学论"改革，这是从主体和个体的关系入手；二是"课程论"的改革，这是从共性和个性的关系入手；三是"教育技术"的改革，这是从信息、文本的关系入手。回想笔者所在的学校进行的改革，生本教育就是教学论上的实践，课程与教学的再造就是从主体和个体方向入手，在课堂上重视现代教育技术和网络媒体的应用，这是通过信息与文本的有效结合。笔者认为，它谈到了根本的方向性的问题。

（2）文化就是生存方式——对学校校园的静态文化的理解有了根本的认识。

学校文化到底是什么？以往很多人认为就是让学校在每一面墙上"说话"，所以，很多校长请文化公司设计和装修，在每一面墙都喷上文字图片、诗词歌赋、经典传统、艺术等等，好像有了这样的装饰就显得学校有文化。

文化到底是什么？文化就是人对周围力量施加影响的方式，文化成为人的"生存方式"的同义词。这一见解让我脑洞大开。

教育的真谛乃是文化的自我创造，教育的过程也是文化的"选编"过程，只有文化才能使学校立足。这些观点，非常有见地。

（3）名校不是复制的，让每一所学校有精彩。

不同地域、不同生源、不同家长等因素造成了学校的办学理念和方式不同，北京小学地处北京中心地区，生源有干部子弟、富有家庭的子女，它的办学目标和培养目标有它的特质。但是，它不能移植到农村的学校、外来务工子弟为主的普通学校。其共性的东西必须在每一所学校都能体现，如中国传统文化等，家庭教育在孩子中的作用，自我教育的不可替代性等核心问题都是我们必须关注和实施的内容。正如现在所热议的核心素养问题，北京小学老校长周国通认为就是三个方面：责任回归、动力回归、文化回归。如果笔者自己来选择就是两个核心方面的素养问题，一是思想品德，二是思维素质。品德关系着成人，思维关系着成材。把这两方面的素养培养好，就是一个可以立足社会，成材成人的人才。

所以说，学校教育是人社会化的演练平台，家庭教育需要真正的常识启蒙，自我教育是人存在价值的本能。抓好这三个方面，就是实施最好的素质教育。

（十六）关爱的魅力

如果说师生是平等、互尊、互爱的关系的话，我们在教育教学中采取的方式和方法就有所不同，作为一所学校的校长，而且是年龄大到可以做孩子们的爷爷的校长，我回到家里同爱人谈起学生的可爱，她总是笑我是做爷爷的心态。确实，在学校要关爱每一位学生，让学生觉得你可亲、可信、可爱。下面是我调任到新的学校不到一年，发生在我的教育过程中的几件小事。

第一件事讲的是一个女学生。在2016年的上学期，有个五年级的学生在我办公室前面的小花园拦住我，她很天真地问我，我们学校的校长原来是女的，现在怎么换成了一个男的？我说，校长就像你们学生转学到另一所学校一样，由于工作的需要所以就转调到了我们学校。她点点头，好像理解了。我反过来问她，那你喜欢我这个男校长吗？她说，喜欢。我说为什么？她说你很和气。我听了这话，心里暖洋洋的，感到很温暖。因为，我的到来，让学生没有感到陌生，我的讲话，没有让学生感到压力，好像我自己真的是他们的爷爷一样。学校就要给学生一个宽松的环境，让他们无拘无束、自由自在地享受学校的快乐氛围。

第二件事讲的是一个男同学。他有点多动、精神亢奋的表现。开学第一个学期，他所在的四年级一班被他搅得一团糟，学生、老师、家长都在投诉这个学生的行为。因为，他很敏感，只要是对他有影响的语言或行为，他都会过激地反应，甚至有暴力倾向。刚临聘的一个班主任对他花费了不少的精力，也同家长经常沟通，但效果不好。后来，反映到学校，我亲自去关注这个同学，专门找这个同学谈心，还表扬他的优点（哪怕是一点点），给他买书看。他感觉到校长在帮他，他反而对同学们炫耀，意思是校长是他的靠山，他谁都不怕，反而得寸进尺，有恃无恐。同学们纷纷到我办公室告状，说他又打人，又怎么怎么了。针对这种情况，我觉得，对这类同学，关心是必要的，但还要在关心的同时给他提要求。后来，我专门又找到他，把他用书打同学的录像片段给他看，以往批评他哪些不对，他死咬不承认，现在有事实依据，他不得不承认，我细心同他聊天，了解他为什么会这样，他说他恨他爸爸，他爸爸在家里经常有点小错误就打他，他很怕他爸爸，所以，在学校就仿照他爸爸的行为对同学实施暴力行为，经常犯错不承认。对此，我们发现问题的症结在他的家庭，在他爸爸，为此，学校专门通过班主任家访，同他父母做工作，一起想对策来关心关爱这个孩子，用心来温暖这个孩子。过了一学期，这个孩子完全变化了，再也没有听到学生来我这里投诉他，老师们也觉得他改变了，已逐步融入班级活动中。

通过上面两件小事，促使我对传统教育中的有些做法产生了思考。如果把学生当作一个管理的对象，用惩罚的方法对待这种特殊儿童，会适得其反。如果我们把学生当作是人格平等的对象来看待，我们会彼此尊重，用爱心和善心来对待。小学教育是"慢"的教育，我们急不得，对待不同的学生，要有不同的方法，就像花朵一样，有的先开，有的后开，作为教育工作者、管理者要有"静待花开"的思想，慢慢等待，总有一天，他们都会开出灿烂的花朵。

四、教师

（一）教师节来临话教师

在第二十九个教师节来临之际，作为教师的我再思考教师这个职业的特殊性不免有感而发。

（1）教师是育人不是造物。人是有感情的最有灵性的高级动物，物品是没有思想随人去制造的物质产品。物品制造出现次品可以改进后再造；而人是几十年一步一步雕琢而成，如果在哪一个阶段出现瑕疵不可能再回头重造，说明教师职业的特殊性在于育人不可逆转。

（2）教师是人师不是路人。教师要为人师表，千百年流传下来的尊师之习俗，让家长和学生觉得教师是最可信任的人，是传道授业的人师。如果教师的言行有悖于教师为师的基本要求，对学生是一个不可理解和不愿尊崇的对象，那教师就会斯文扫地，学生就可能以一个同伴、路人和社会人来对待你，那教师的道和德就会打折扣，所以教师要做人师而不是做路人。

(3)教师是先生不是后生。教师要知识渊博，学生希望教师能上知天文下知地理。如果你的课题不能满足学生的需要，你的知识储备不能基本解决学生的需求，你就可能让学生感受不到你的威信。所以，教师要善于学习，不断进步，同学生一起成长。试想：教了十年、二十年后，你的学生已经成才、成功，而你还在三尺讲台上讲授你一成不变的知识，没有个性、没有进步，原因就是你没有更新、创新，没有同学生一起学习涉猎新的知识和技能，学生成长了，你却固步自封，停滞不前。

（二）教育者要行走

古人讲：读万卷书，不如行万里路。对于学习者来说，不只是听报告、听讲座。就拿那次我到北京学习来说，我觉得北京的人文景观、风土风情、人文氛围都烘托着一种难得的学习机会。2016年11月27日，正是一个冬懒露阳的日子，我先在网络上查找了我想去的几个地方，主要是想感受北京的胡同文化。我吃了早饭，准备好食物和水杯，背上行囊，就开始了我的一天行程。

第一站，砖塔胡同。它坐落于西城区西四南大街，这胡同没有什么特别，但是，它旁边的一座院落里的砖塔引起了我的兴趣，里面陈列着一副旧门板，它上面斑驳陆离的两行字引起了我的注意，门板上刻着：无事可静坐，闲时可读书。正是这副对联引导我走进了这个社区小而有特色的图书馆。小小书屋里面的北京的老书籍、历史、记录和新闻引起我的兴致。我翻看了几本，其中有"文化大革命"后期的新闻报纸的汇聚，透过那时的文字报道，让我感受到那个年代的疯狂，尤其让我心灵有所触动的是这两行字：无事可静坐，闲时可读书。这就是一种超越现实的禅态。

第二站，中国地质博物馆。我从来也没有系统地看过中国地质的介绍。原来在书本上只能看到图片的我国古代的伟大发明，博物馆中的地震仪和汉代司南（指南针）的原始物品让我一睹为快。我看到我们国家地大物博以及复杂的地形地貌的展示，遥想古代中国的伟大发明让当时的中国科技领先世界几百年，感觉我们现在要国家富强、民族复兴都指日可待。

第三站，北京图书馆。作为教育人，要感受北京的购书中心，这是我必走的行程之一，特别是对关于教育理论的书籍尤为感兴趣。当我一眼看到一名在一所中学工作了二十多年的校长的教育专著《校长的那些事儿》时，好像看到了自己的工作历程，历历在目。作为我自己，也是有着近三十年的教育历程，特别是自己在广州的三所小学的工作经历更让我有一种冲动，我也要著书立说，把我的所感所悟、所见所闻、所思所获总结出来，出版自己的专著，为那些刚刚做校长的同行现身说法，产生共鸣。

第四站，老舍茶馆。茶馆坐落在前门西街，它是一个具有中国茶文化的场所，接待过来自全世界80多个国家元首，传递中华茶文化，确实了不起。一进大厅二楼，曹禺题写的"人民艺术家老舍先生"半身雕像映入眼帘。老舍的小说《茶馆》被改编成电影，更让老舍茶馆享誉全世界。

第五站，国家大剧院。很早我就有一种冲动，到北京一定要去看看国家大剧院，半球形的建筑设计，四周用水围住，有种"伊人在水一方"的诗情画意。"国家大剧院"五个大字，在夜晚尤显耀眼。特别有运气的是在门口买到了一张北京居民用积分换的一张高水平的演出票，圆了我的一个梦，走进大剧院，亲临现场感受国家大剧院的雄伟建筑和里面的艺术氛围，同时，也现场观看了国家歌剧院和国家交响乐团的高水平演出——《半世琴音半世歌》，由中国国家交响乐团音乐会领衔演出。

一天的行程满满当当，双脚走在北京的中心，路过新华门，走过天安门、前门、大栅栏商业街、西街步行街，淌漾在古老而现代的新北京的中心，感受着老北京的韵味，也感受着现代中国的繁荣和强大，不得由衷发出感慨：我爱首都，我爱北京！

（三）对教师心理健康的认识

我们大家谈论最多的管理问题是教师的职业倦怠问题，其实，教师职业倦怠的深层次问题，还是我们没有关注到教师的心理健康问题。据调查，教师中出现最多的心理问题是忧郁、精神不振、焦虑、无法入睡，大家可能都遇到过这种情况，如果这些情况持续得不到改善，就会成为心理疾病。因此，调控自己的情绪才是保持心理健康的关键。从教师职业倦怠的不同角度来看，有三种类型：一是筋疲力尽型，二是狂热型，三是低挑战型。为此，我们要从专业的角度提升和促进教师的复原力。

根据专家的解释，提升复原力的方法和技能有多种：避免把危机看作是不能超越的问题；接受改变是生活的一部分；朝向目标，果断决定；发现寻找机会；用积极的观点滋养自己；从多个角度看问题；保持希望的观点；照顾好自己。

启发我们思考：今后的工作，一是建立联结；二是建立清晰一致的界限；三是教授生活的技巧；四是提供关心和支持；五是设立更高的目标；六是为教师提供一些有意义的活动机会。

结合我所在的骏景小学，经过近十五年的生本教育的学习实践，应该说，一所学校提供给教师不懈的努力是这所学校带给教师的认同感，也就是我们所说的，看一所学校不只是校园环境，而是学校共同的价值观和文化认同，这样，老师们在这一环境中获得了自我满足的认同感，教师出现上述三种类型的教师职业倦怠感的应该不多，但是，少部分低挑战型的教师还是存在的，从教师主动担当公开课来看，有少部分教师存在一种自我压力感，对于这样的教师，作为校长不能一下子认为该教师工作积极性不高，而要从心理的角度来理解教师，所以，在我们的工作中，如果能从教师的角度来看待教师的工作，我们就可以很好地理解教师，帮助教师很好地适应学校的发展。

因此，教师复原力的促进与重点提升从个人品质、外部环境和家庭的支持有关，这样，学校就会跳过高原期的魔咒，激发教师的生命活力，真正做到以师生为本，为师生生命奠基。

（四）教师自培是提升教育力的关键

从文化发展的角度看，教师文化是学校文化的核心，只有教师发展了，学生才能得到更好的发展，最终才会有学校的快速发展与提升。文化靠书籍浸润，因此要坚持不懈开展读书活动。学校教师队伍的突出问题不是学历，而是教育观念和教学能力，尤其是课堂教学能力。要提高教学质量归根到底就是要提高教师队伍的素质，目前，培训教师素质包括两个方面：一是内在的品德修养素养，第二才是课堂教育教学能力。为此，学校的校本培训应围绕这两方面有计划、有重点、有目标地进行培训。首先是师德师风的培训。关于这一问题，培训是表象，重要的是教师自身的内化。准备每一学期为教师购买一本书，每位教师每学期读一本书，历史、哲学、教育、文化，不拘一格，以需为主。通过写读书笔记，撰写反思，促进教师思想的升华。如专业书籍《小学儿童发展与教育心理学》、做人做事书籍《活法》等。教师都是经过专业培训的专业人士，各有自己的为人处事的态度，要做好教师这个职业，关键是用心、有心、有行。所谓用心，就是从内心要有做好教师、用心做好教师的心愿，在自己每天的工作岗位上，用行动展示自己的努力，天长日久，就会有成效。

其次是抓好课堂教学能力的培养，学校倡导以生为本的"巧"课堂，从教学方法、教学手段入手，通过研究学生、研究课堂，形成自己的教学模式和风格，在整个过程中，都要把学生的学放在首位，教为了学，学法促进教法，生本决定师本，以学定教，以教促学。

文化靠环境来承载，因此创设宽松的工作环境，尊重合理的生活需要，倡导用智慧改变工作，既要注重专业发展，提高工作质量，也要注重生活质量、幸福指数的提升！营造民主的管理氛围，引导工会开展丰富多彩的业余活动，让教职工在工作之余充分享受生活。未来五年，学校把实施教师专业化发展工程作为一项极其重要的头等大事来抓，学校将通过实施校本管理、校本培训、校本研究、校本评价等措施，加大师资建设力度，加大名师的培养力度，形成乐于奉献、富有特色、积极反思、合作研究的教师群体。

（五）当今的教师，给学生的是哪个时代的教育

最近，看到一则新闻：成都一个10岁小学生跳楼身亡，在他的语文课本上发现下面一段文字："老师，我做不到，跳楼时我好几次都缩回来了"，我们深入猜想，是不是老师说过"你要么抄写一千遍，要么你去跳楼"的"气话"，这个还不得而知，但如果存在这样的"气话"或者处罚让学生接受不了，断送了一个小学生的生命，这就是值得我们每个教育工作者深思的一个大问题。

我突发思考，我们身处在一个信息网络时代，一个追求素质教育的年代，如果我们的老师还是用十几年前或几十年前的老套路来教书，那我们给学生的是哪个时代的教育？现在迈入了21世纪，时代不同了，信息技术和设备具备了，学生的生活状态变化了，如果教师的教学方式和方法不变，还是一张嘴从头讲到尾，教学方式还是满堂灌到底，学生被动地接受，枯燥地被学习，这种人身在现代，但教学方法停留在古老的教学方式，"新瓶装旧酒"，我们的学生屈就在课室里被动地接受老师这样的教育，肯定逃脱不了低效、无味的应试教育；现代的学生因师为的原因在接受古老的教育，教育的效果可想而知。

我们试想，在当今尊重学生人格，维护学生尊严的教育中，有个别教师还用惩罚和训诫的方式来管理学生，以高强度的重复劳动来教训学生的无知和缺点，这是典型的应试教育思维。回到刚才的话题，我们的老师如果身子迈入21世纪，而他（她）的思想和方法还停留在几十年前的应试教育观中，那损害的是学生的身心，耽误的是学生的前程甚至生命，这绝不是危言耸听。

所以，我们在大力倡导生本教育，大张旗鼓地改变教师的教育观、德育观、教学观，通过生本课堂模式彻底改变现有课堂的教育弊端。

如何充分尊重学生，如何全面依靠学生，如何一切为了学生，这些生本理念会彻底改变我们的教育观、教学观，提升学生生命的质量，激发学生生命的热情。

生本模式这一改革，势不可挡，这是提升学生生命质量的教育，是真正为好学设计的教育，老师，你还在犹豫什么？改革教法，革新自我，就是解放学生！

（六）问渠哪得清如许，唯有源头活水来——小议超越教学技巧和学科知识的教育

一位在美国某大学任教的华裔教授，他站在全球视野下教师专业发展的学

科前沿，用当今美国的教育现实，阐述了教育中简单而朴实的案例，得出了让人玩味的做法和观点。共享如下：

（1）关联。课堂上少一点纯粹靠记忆的东西，教师要多做关联和连接的事情。通过小实验我们发现：我们的教师在要求学生做抄写和机械的照抄的事情并没有太大的价值和效果，比如，罚抄十遍词语不如让学生做一遍组词或用关联的词语造句等，效果绝对是后者较好。

（2）鼓励。教师要多帮助和鼓励学生加强连接和关联的作用或活动，如让学生自主地进行学习和研究，自己做总结和归纳。这比教师归纳和总结效果更好。教师要多想学生在想什么和做什么，让学生把自己的想法在课堂上与同学分享。教师不要照搬预设的教案来上课，要根据课堂上学生的思维和没有预设的情况来调整自己的教学。

（3）合作。多做一点合作，多让学生参加运动来帮助培养学生的合作精神，善于培养学生合作精神，这既是学习的手段，又是学习需要达到的结果。小组合作学习是当今美国学校普遍的教学方式。

（4）信心。培养和保护学生的自信心非常重要，教师要打心底对每个孩子有信心，他们会成长得更好。

（5）态度。多一点宽容，少一点批评，生活会越来越好。

一个学生在小学学习6年，一年100多天在学校读书，如果每一天多做一点关联的启发思维的事情，少一点机械重复的"劳动作业"，6年下来，甚至12年的基础教育坚持不懈，这样的积累就不得了，创造能力就是这样被培养出来的，一个有自信和创新能力的人才就会脱颖而出。

（七）有感《事业单位人事管理条例》颁布，再谈教书育人

最近，新闻媒体公布了关于《事业单位人事管理条例》从2014年7月1日开始试行的通知，其实这一精神早从2003年就开始了，这是事业单位人事制度改革的重要内容，笔者亲历了2003年的人事制度改革试点的过程，如今，学校教师早已与单位签订了聘用合同，三年一聘或五年一聘，如果连续旷工15天或两个年度考核不合格就会被单位解聘。这次条例以法规的形式确立，这已经说明，教师的铁饭碗早已被打破，只不过有些教师的思想和行为还沉溺在固有的教师稳定铁饭碗的梦里。要想保住这个"铁饭碗"主要靠自己不断打磨，自己要把"铁饭碗"打磨成"铜饭碗"甚至打造成"金饭碗"，那谁也打不破你的"饭碗"。那应该从哪里入手？

学校是教书育人之地，需要教师首先以德为先，例如，也是实行生本教育的珠村小学，在实施的乞巧教育的内涵里，已经明确提出对乞巧教育的三大主

体（学生、教师、干部）的要求：教师要德才兼备、德艺双馨，达到巧备、巧教、巧辅。这就是我们教师锤炼自己的方向和目标。首先师德为先。所谓师德的表现就是一个"爱"字，爱学生、爱学校、爱职业。怎样爱学生，就是把学生当成自己的孩子一样去爱；怎样爱学校，就是把学校当成自己的家；怎样爱职业，就是把职业当作事业来经营。

其次，好才为本，才是饭碗的根本，也是饭碗的容量。要有才也要从三方面入手，紧紧围绕学校乞巧教育对教师要达到的三个方面去努力，巧教、巧备、巧辅。所谓巧教就要以生为本，所谓巧备就要备足学生，所谓巧辅就是要轻负高效。

教师打磨出了金饭碗，学校就打造出了品牌。到那时，看谁还能动你的饭碗。

（八）教育者一定是个思考者

笔者一直认为，小学语文是基础学科，小学六年要为孩子以后的六十年服务。而小学语文教学要培养孩子的根本能力无外乎两个，其一，阅读能力；其二，表达能力，相比较而言，本人认为，更为重要的是阅读能力。因为阅读能力是民生工程，是让学生终身受益的；也是信息化时代和中国城市化进程中特别需要提升的能力。而当前小学语文教学，在推进阅读方面，又存在以下几个问题：其一，阅读的窄化。长期的观念制约，总以为教材是最重要的阅读资源，只阅读教材及与教材有关的读物，这极大地制约了学生语文素养的形成。其二，阅读的浅化。孩子为了考试而开展阅读，忽视了阅读中的人文素养的吸取。其三，阅读的虚化。阅读喜欢跟风，不扎实，不系统。其四，阅读的成人化，在推进阅读时，忽视儿童的心理特征，盲目地把成人的喜好强加给孩子。

基于以上的思考，在教学中我认为推进大阅读是语文教学成功的关键。①明确阅读的目的，阅读不光是为考试，而是为提升人文素养。②小学语文教学要打开阅读的三条通道，其一，以教材为引子，以读引读，实现一篇带多篇，要以课堂为推动阅读的主阵地；其二，做好校本阅读教材开发工作；其三，大量地开展亲子阅读活动。③要培养学生的阅读兴趣，形成阅读习惯。④在教学中，要引入符合儿童心理特征的阅读评价体系。⑤在具体的阅读策略指导上，要引导不同年龄段孩子读不同的书，引导孩子读完整的书、好书重复读等，同时卓有成效地推动诵读，重视语文的积累和感悟。当然，在推进阅读时，如何建立长效机制，如何获得家长和更多人的认同，形成推动阅读的合力，这是我以后要特别努力探索的。

大教无形，在以后的语文教育教学中，我将不断地探索、完善和创新自己的教学之路，形成自己独特的教学风格。

下面是骏景小学老师对生本教育的践悟。

生本让我懒人有懒福

接触生本教育将近十年，真正走进生本教育也有4年了，在这4年的时间里，我们学校给了我们非常宽松的环境，让我们大胆地实践，作为生本实验班老师的我也在摸索中前进，在快乐中收获，而我也渐渐地学会了"偷懒"，在"偷懒"中我才真正明白懒人有懒福的真谛，才真正理解了生本教育的理念：一切为了学生，高度尊重学生，全面依靠学生。为什么这么说呢？

话说端午节放假前，大队辅导员黎方老师找到我，让我通知本级的班主任，让孩子们利用假期了解端午节的来历、各地的习俗等等，用自己喜欢的方式记录下来，可以是照片、文稿、手抄报，假期以后要出板报，向全校同学展示。我们把任务告诉孩子们以后就放假了。

快乐的三天假期过去了，孩子们回了学校，大部分孩子按要求上交了自己的作品。我把专刊题目"端午节、包粽子、赛龙舟"这9个大字打印出来，然后让我们班的3个孩子涂上颜色，下午我们6个班主任和部分学生把孩子们的作品贴了出去，大功告成，非常高兴。周三下午开例会前，陈校长找到我，先称赞我们级端午节板报出得好，孩子们的作品内容非常丰富，形式也很多样，我听了心里乐滋滋的。然而陈校长话锋一转，让我们级出一份端午节特刊，还要电子版的，我一听晕了，因为我的美术、电脑均很差，怎么办呢？正当我一筹莫展的时候，我看到在走廊玩耍的孩子，灵机一动，何不把机会让给孩子？但是这任务比较难完成，他们能胜任吗？我带着疑惑跟几个班主任一商量，大家均同意让孩子们来试一试。

第二天，我把我班《快车时报》的主要负责人叫到我办公室，把任务跟他们一说，让他们分好工，好好合作，下周一完成端午节专刊。没想到他们听了非常兴奋，立即分工，小丁负责拍摄，小鲁负责选材料，小刘负责收集材料，小何负责编辑、排版，小李负责写编者的话，我简单地跟主编小何讨论一下内容、版面设计的问题，他们就回去上课了。接下来的日子，我只是简单问了一下，他们也一一按计划进行着。周日下午，我接到小何的电话，说《端午节专刊》已经编辑完毕，要我验收。我打开邮箱一看，惊呆了。那专刊可不是我想象的那么简单，不仅内容丰富，而且版面设计精美，小何除了按照我的要求选了那些内容以外，还增加了名篇欣赏。不过我很奇怪的是他为什么不把我们5班同学酿苦瓜的照片加上去？我可是特别交代他要加上去的。一问才知道，他认为端午节的习俗没有酿苦瓜。经过我解释，他才明白客家人是有在端午节酿苦瓜的习俗。从这可以看出，他对待这件事情是多么认真。而这孩子本来就不简单，我们班的班级博客也是他创建的。本学期他还和几个同学一起组建了"快车时报"小社团，已经出版了好几期，受到了同学们的热捧。他制作的PPT《广州近十年来的变化》，让同学们佩服得五体投地，简直成了我们班的"神人"。

我们做教师的，每天要做的琐碎事情很多，我们一定要记住有困难找学生，学会把一些任务交给学生，让学生来帮我们分担，这样我们就可以"偷偷懒""歇一歇"。当然，这偷懒是有技巧的，也就是说要根据孩子的特点充分调动他们的积极性，给予他们展示自己才干的平台，学生能做的就让他们做，不会做的让他们想办法做，我们老师也不是什么也不管，该帮他们的时候就要帮他们。经过不断的磨练，学生的能力也就越来越强，我们偷懒的机会就可以越来越多，何乐而不为呢？

（广州市天河区骏景小学　　张眼芳）

生本，愉悦师生

做生本教育以来，整天被一种幸福感和欣喜感充盈着。走进生本的这些日子，我收获了四大感悟，它们是观念的大换血、空间的大解放、认识的大提升和精神的大愉悦。教学的历程就是和学生一起嗨，这使我想起了一个故事。

那是一个春暖花开的日子，我高兴地走进课室，同学们依然报以我亲切的掌声和微笑。

我走上讲台，宣布了一个消息，说："同学们，我们语文课前三分钟决定以举办栏目的形式开展，将采用招聘的方式确定相关栏目及栏目主持人，同时，要说说举办这个栏目的理由。"

课室里顿时热闹起来，大家都开始议论纷纷。讨论了一会儿，我说："同学们，请把你想举办什么栏目，想当什么主持人写成方案，并详细说明想办和想当的理由，当然可以自由组合栏目节目主持人选！"话刚说完，课室里响起了热烈的掌声。从这掌声，我知道了这一举措还是很受学生欢迎的，我知道，我利用了学生喜欢解放自己和展示自己的天性的这一特征，我很有信心将这项活动做好。

第二天，我一回到办公室，就看到桌上堆了一大堆自荐方案。甲说她想办一个演讲栏目，理由是小学生有许多的观点会比较盲从，比较模糊，需要通过演讲来明晰观点，同时，演讲也能提高学生的表达能力；乙说他知道很多科学知识，为了增长同学们的科学知识，他要举办一个科学栏目；不甘示弱的丙说，他觉得信息时代，大家都应了解更多的外面世界，新闻和评报栏目必不可少；

小作家同学丁说，每当同学们写了好作文，应该与全班同学一起分享，这样，既能激发同学们的写作兴趣，又能激励那些会写作的同学，真是一举两得，所以美文欣赏是必不可少的栏目；这时，聪明机智的同学戊说，大家也不能光顾学习，也要娱乐一下。他想推举的栏目是开心吧和《神探》节目；科代表说，她想办的栏目是礼仪故事，因为小学生要全面发展，礼貌是很重要的，所以她要举办这个栏目……就这样，有许许多多的栏目和制作人竞相出现了，通过投票，很多栏目就完全由孩子们自主策划，自主诞生了。

果然，班里的课前三分钟可谓精彩纷呈，孩子们在自己策划的栏目里发展着自我，也丰富着自我，各个栏目各呈异彩，都带给同学们丰富的知识，学生很高兴，我也很高兴，正因为我充分相信了学生，高度尊重了学生，全面依靠了学生，才有了今天这样蓬勃的活力。由此看来，教学工作者若想实现教学皆愉悦的状态，还真要明白学生既是教育对象，又是教育资源，很多时候，还要真正落实"以生为本"。这样，你一定能体验到你前所未体验过的快乐，还真能发现教学原来是如此的简单。

（广州市天河区骏景小学　陈天兰）

尊重的故事

得天下英才而"生本"地教之，才是真正的快乐。

——郭思乐

老师，我不哭了

今天，体育老师高兴地问我："小颉是不是不哭了？"我说"是呀"，她继续说："他今天特意找到我，告诉我他不哭了。"我俩发出了会心的一笑。

记得九月十日那天，学校要做广播操了。我按常规清点人数，猛然发现一个座位空着。再仔细看，凳子上分明有一个书包。我赶紧翻看书包，果然是小颉的。我便问其他小朋友："你们看见小颉了吗？"有的说没看见，有的说看见了；再问小颉穿什么衣服，谁都说不上来了。也难怪这些孩子，因为他们才入校十几天，彼此还不熟悉。我意识到事情有点蹊跷：如果人没来，座位上怎么会有书包？既然人来了，那现在又去了哪里？我不安地走进了教导处，告诉了主任，拨通了小颉妈妈的手机。他妈妈的话令我更不安了："小颉一早就去学校啦！穿的是蓝裤子，灰格子上衣，脚上是一双黑凉鞋。"没办法，我告诉他小颉人现在不在教室，只有一个大红书包在座位上，老师正在全力以赴地找他。他妈妈心理素质好像挺好，说："我马上来学校。"便搁了电话。

后来事情的发展完全出乎我的意料。小颉妈妈很快就在自己的士多店门口看到了孩子，但她并没有及时把事情告诉老师，而是在学校几进几出，亲眼看到老师的焦虑，亲耳听到了老师的详细报告之后才说："他来店里找我了。"

小颉为什么要去找妈妈呢？刚入学不习惯？小颉妈妈说："其实早几天他已经在找我了。"她没说其他的，我也就以为小颉适应小学生活的过程较长，心想过多几天总会好的。没想到他哭着找妈妈竟然延续了两个月。总之，从九月十日这天起，他开始了不屈不挠的找妈妈行动，而他妈妈，也开始了不屈不挠的送孩子上学的行动。我，则一次又一次地与家长交流，找原因，想对策。

说实话，我一开始也担心小颉是不是不喜欢学校，是不是不喜欢老师。因此当小颉赖在学校门口或教室门口不肯进来时，我总是试图用最亲切柔和的语言引导他，让他知道小学比幼儿园好玩，读小学既可以和小朋友玩又可以学知识。刚开始的工作非常不好做，因为他还不熟悉我，手脚并用地抓我、踢我。等到他累了，我才靠近他，看他不反抗了，牵起他的小手，走进办公室。那时他只愿意进办公室，不愿意进教室。我耐心地与他玩。当时我桌面上有九个有色棋，我与他拼形状、划拳、猜颜色。慢慢地他听话了，向我保证他第二天上学不再哭了。我呢，则适时地给他一支铅笔或一个拼图表示对他的鼓励。糟糕的是，糖衣炮弹没有打动他，往往是到第二天，他又故伎重施了。

我又叮嘱班干部对他额外关心，给他安排了一个活泼可爱的同桌，专门让几个比较独立的孩子陪他玩。很快，他与小朋友玩成了一堆。但他上学时仍然哭。

令所有老师奇怪的是，小颉只在早上上学时间，即7:30—8:30时哭，一旦他不哭了，安静下来了，他比谁都高兴，比谁都喜欢老师，总是到办公室找老师玩，要奖品。我意识到这样下去会害了这个孩子，总不能让他认为上学就是为了奖品、为了玩。何况他仍然哭，问题并没得到根本解决。

不过我也明白了，小颉哭的根源不在学校，不在老师，而在家庭，在家长。

从小颉妈妈的口中，我慢慢地了解了很多小颉上学就哭的背后的故事。

"我们从东莞来广州做生意，生意较大，没时间管孩子；我们没读什么书，也不会教孩子，所以从孩子两岁半开始，就全托在幼儿园。周末，也只是陪小孩出去玩一下子，大部分时间是小姨料理他的生活。"

"今年暑假小颉扭伤了脚，我天天背着他去看病，一背就是二十多天。从那之后他就粘我，总是要我陪他，连睡觉也要跟我一起睡。"

"每天晚上他去阿姨家做作业，到九点多我才去接他。他总是不肯去。"

"他小姨现在都不想做我这份工了，她说小颉不肯听她的，只肯听我的。"

……

这是一个没有安全感的孩子！这是一个渴望得到母爱的孩子！

出于一种对妈妈的爱的本能，使小颉觉得伏在妈妈肩上很舒服，很安全，很温馨。而从到学校的那一刻起，就表示他与妈妈有一整天，或两天见不到面……所以尽管我在学校像妈妈一样关心他，但我毕竟不是他的妈妈，只能给他暂时的安全感。一旦有机会得到妈妈的关爱，他就又不愿来学校了。

我对小颉妈妈说可能孩子是想多点时间呆在妈妈身边，可她不信，总是求我："王老师，帮帮我，让他喜欢学校，让他喜欢读书！"

我和校长、其他老师个个竭尽全力地哄他，教育他。九月下旬，他已是很喜欢我，很听我的话了，只有我去哄他才管用，只有我牵着他的小手，他才肯进校门。

十月初放假七天。这七天时间，他妈妈呆在他身边，他又一次感受到渴望已久的母爱，于是他反复得更厉害。

他妈妈无可奈何地带他去看心理医生。他对心理医生说："我不想去阿姨家。"就这么简单！还是老问题。

这次，他妈妈接受了心理医生的建议。于是，十月中旬开始，放学后他不再去阿姨家，他也就天天高高兴兴地来学校上学。这也才有了文章开头的话。

而小颉，从此天天给我惊喜，他的字越写越工整了，他会高高地举起小手要求回答问题了，他敢大声地朗读课文了……他戴上了红领巾，他与其他学生一样活泼、开朗、虎虎有生气。

生本，就是在尊重学生的基础上，耐心地等待学生成长。

喜欢画画的南南

南南是我班年龄最小的孩子，又是我班个子最高的孩子。

他常做些调皮的事情，如把同学的文具盒藏起来；把纸一点儿一点儿撕碎，往空中一抛，说是"天女散花"。他的有些行为实在令我大伤脑筋，比如，往同学水壶里吐口水；评研时把卷子揉成一团，丢在垃圾桶里……是不是在幼儿园没养成好习惯？是不是家庭环境不好？要不为何老师一再规劝却置若罔闻？

与他妈妈见面聊，电话里聊，总算知道了事情的原委。

南南的爷爷、奶奶是大学的教授，爸爸、妈妈也是大学毕业的高材生。在对这唯一的孩子的教育问题上，爸爸妈妈是两种截然不同的态度。

爸爸认为树大自然直。"我小学时被班主任叫作'水泥罐子'。直到高中才知道要读书。现在不也过得很好？"他忙着做生意，很晚才回家。偶尔回家一次看到儿子做不出作业，就狠揍一次。

妈妈认为自己娘家、夫家都乃书香门第，孩子理应保持本色，对孩子的要求就高了，认为孩子每次考试都应考100分。为此，她不顾孩子的兴趣爱好，严禁孩子画画。于是，孩子就与妈妈开始了"猫抓老鼠"的游戏，妈妈不让画，他就找借口做作业关在小房间里一画就三四个钟头，或者睡下后又悄悄起来画。

我对他妈妈说:"你能不能顺应孩子的要求,把画画当作一种鼓励。比如,孩子按时做完功课可以画画。或者送孩子去少年宫学画画,让孩子渴求画画的心理得到满足,说不定其他的行为习惯也会改好的。"

但他妈妈没有接受。

孩子在家里不能画,于是就在课堂上画,书上,作业本上,桌子上,甚至墙上、讲台上,到处都有他的"作品"。

我只得在学校里为他寻求一个可以发泄的地方。我叫他出黑板报,让他带上蜡笔到办公室给板报涂颜色。他高兴极了。我又表扬他做得好,为班集体做了好事,他更高兴了,把"小红花"拿回家给所有的亲人看。

但他没能高兴几天。这缘于一次评研。题目做到一半时,他把卷子揉皱,撕了,扔进垃圾桶里。

我问他为什么撕试卷,他不回答。我约见他妈妈,才知道事情的原委。原来考试前一天,他妈妈对孩子说:"如果你得了100分,妈妈带你去吃麦当劳。"他妈妈分析说:"他太喜欢吃麦当劳了。他担心考不到100分,就心烦意乱,就撕了卷子。"

面对这个急切地望子成龙的妈妈,我不知该怎么说才好。良久,我说:"南南人聪明,悟性高,该掌握的都掌握了。作为老师,我已心满意足。对于南南来讲,现在最主要的是不压迫他,给他一个轻松的学习环境。"

这次"撕卷事件"发生后,南南的父母进行了深刻的反思。他们最终接受了我的建议:尊重孩子,尊重孩子的兴趣爱好,让他画他所想画,说他所想说,学他所想学。一句话,让孩子乐学。

现在的南南,依然爱画画,有时,他的作业也是用画来表达。但他分明变了,他的"恶作剧"少了,他上课更专注了。

生本,就是高度尊重孩子的兴趣爱好,让孩子乐学的教育。

不听课的森森

他常趴在座位上,瞪着一双大眼睛,脸上若有若无地挂着事不关己的表情,永远一副没睡醒、无所谓的样子。

他很少主动回答问题,但老师点到他,他就歪歪地站起来,往往能准确地说出答案。他有时不做作业,有时做了也不交,但他考试常考高分,而且字写得相当漂亮、整齐。

他常常游离于课堂之外,偶尔打个哈欠,看看老师,表示他听了课。

我问他妈妈:"森森好像对上学不太感兴趣啊?"

"都是我们害的。"

在他爸爸妈妈的叙述中，我知道了他们因为自己没读好书而对孩子产生的强烈的弥补心理，听到了他们现在无尽的懊悔。

"森森从小就长得漂亮，白白净净，一双大眼睛好像会说话。他聪明，好学，他爸爸常搂着孩子，耐心地教他数数、做加减法。森森很争气，到三四岁时，他不但会做加减法，连乘、除法口诀都会背了。现在你们教的内容，我们早都教会了他，森森都懂。他回来说太简单了。"

"森森也贪玩，但他爸爸就是要他好好读书，不读书就打。森森怕打，就乖乖地跟着学。"

"现在他爸爸在深圳上班，不常回来，森森胆子就大了，他不听我的。"

这就是为什么现在森森对学习没兴趣的原因。我很悲哀。我试着与他们沟通：父母对孩子的教育应是培养孩子强烈的求知欲望，让孩子自自然然地"我要学"，而不是别别扭扭地"要我学"。他父母说现在他们明白了，请老师多费心。

森森学会了很多，也失去了很多……如果我因为他考得出就任其自由自在，不听课，不做作业，那他的某些知识点会出现空白，他的知识结构也会不健全。为此，在课堂上，我常常提问他一些难度较大的题，如果他答出来了，我表扬他；如果他答不出来，我就鼓励他开动脑筋。

现在，森森上课还喜欢趴着，不过他的脑子已动起来了，时不时地也举手发言。另外，作业他也天天做，天天交。他还爱上了阅读，读书笔记写得相当认真。

我期待着森森坐有坐相，站有站相，精神面貌一天比一天好。

生本，就是高度尊重孩子的个性，让学生从"要我学"到"我要学"，主动地学习。

我会写名字了

他是我班最后一个学会写自己名字的同学。

因为生活在城市，从小受到良好的学前教育，现在的孩子一般在入学时就已能把自己的名字写得像模像样，但小雁不会写。刚开学时他只会写"大"，我教他，又叮嘱他父母在家教，到九月底，他会写"奇"了。我告诉他"雁"字写反了，专门教他写这个字，他总算在十月初学会了写自己的名字。我表扬他，他高兴得大叫"我会写自己的名字了"。

不仅写名字如此，他做作业比哪个孩子都慢，写一个字要五六分钟。因为他这样慢，所以他常常只做数学作业，没时间做语文作业；考试时常常是全班同学等他一人（因为一年级要读一题做一题）。

我从他爸爸那里听到了他的故事。

"我们夫妻俩都是北方人，到广州闯天下，生活不固定，后来买了房子，才结束了四海为家的生活。就是在这种生活中，小雁出生了，长大了。"

"我们很后悔没给孩子一个稳定的生活环境，很后悔没好好地照顾小孩。小雁光是幼儿园就上了五六家，他已习惯了陌生的面孔，习惯了陌生的环境，他很善于保护自己，自己的东西总是收拾得井井有条，生活习惯很好。"

"在学前班时，老师就跟我们谈到小雁的问题。他上课很乖，但不会听课，也不会写字，他读了一年学前班，才学会了写自己的姓。"

"他才六岁多点，按理也可以再晚一点读，但怕伤害他的自尊心。我们两个工作都很忙，天天晚上八九点钟才回家，也没时间管他，他都是跟保姆在一起。"

在这样的一种生活中，小雁长大了。他没受到系统的学前教育，动荡的生活已使他过早地领略了成人世界的复杂。他没学到多少知识，没学会怎样学习，但学会了说好话，保护自己。

我对他充满焦虑，但深知"十年磨一剑"的道理。任重而道远，我班的孩子，一个也不能落下。现在，他父母依然忙，没时间管孩子，晚上小雁都是看电视，从不阅读。我呢，下午有时间，就帮小雁补补课（主要是"先学"，有时也与他一起阅读）。我发现他挺聪明的，虽不是一点就通，但也能领会，不过写字还是较慢。由于他进行了先学，他上课的状态也好多了，在小组交流时也能插上话了。

生本，强调先学后教，这对于学习进度慢一点的孩子尤其重要。因为先学，孩子的自信心增强了。生本，就是把孩子当作成人来尊重，给予孩子自信心的教育。

以上四个孩子，现在未必是传统意义上的优等生，但将来可能是商界翘楚、学界名人、政界要人，个个都是社会精英。我从不敢漠视任何一个正在茁壮成长的孩子。我尊重他们。任何一个孩子，在我的眼里都是英才。得天下英才而"生本"地教之，我体味到了教育的快乐！

（广州市天河区骏景小学　王清华）

为学生"减负"

近年来，我们骏景小学的教学质量有了跨越式的提升，而我也属于这个不断实现超越的团队中的一员。作为老师，千方百计提高教学质量是不容置疑的，但我不主张通过加重学生负担提升教学质量，因为，这种高质量的后面可能会失去更多、更重要的东西。

面对教育部下发的"减负十条"和繁重的班主任工作，我坚定选择了"为学生减负"，同时，通过采取以下一些教育教学措施来保证教学质量，践行我校轻负高效的生本教育教学理念。

一、认识课中抓根本，评研课中练重点

在生本数学课堂教学中有五种课型：感受课、认识课、熟悉课、知识整理课和评研课。一般单元教学都要依次进行这五种课型的教学。而认识课的主要任务是使学生获得新的数学知识与方法。我的认识课要学生抓住单元的根本知识点，开展观察、操作、猜想、推理、分享、质疑等数学活动，在此基础上将整个单元有机地整合教学。如"表内乘法"，共有两个大单元，但找其根本知识点，就是在理解乘法意义的基础上学会乘法计算，熟记乘法口诀，根据乘法知识解决一些生活中的问题。我将这两个单元打包教学，只用了大约一周的课时上认识课，其余的课本内容就当成本单元的熟悉课、评研课等进行教学，不但节约了课时，还把无法在课外完成的练习挪到了课内，甚至在课内进行了深度的生生交流，达到了意想不到的效果。

接着我认真落实好评研课的教学。"评研"课就是传统课中的复习课，但强调师生、生生间的参与研究、讨论，最终师生都求得发展。评研题一般是挑选体现知识重点、难点的题，或者是学生易错的题，不但要求学生解题，还要表达出自己的思考过程等。在生生交流的过程中，老师适时进行引导，实现"老师帮"的目的。在新版的数学课本中，每一个知识点都有大量的练习题跟进，如果能落实这些题目，学生真的不需要再做多余机械的练习，我精心设计评研题，进行评研课教学，即进行先安排学生完成习题、分析习题，再安排小组学习、全班交流。不但有单元评研、期末评研，还基本做到课课都有小评研，学生在评研中练重点、通难点，确实将评研做足了一个学年。

二、活跃课堂参与高，趣味作业灵活交

活跃的课堂是提高学生课堂参与的最好办法，但怎样活跃课堂呢？数学课不像语文课、英语课有很多的生活情境，不像音乐课、美术课充满美的享受，枯燥的数学课只能靠老师的课堂设计与调控了，除了在课堂设计上下功夫，还可以多设计一些孩子喜爱的数学活动、数学小游戏等等，力求在课堂调控上做到有三种声音。

（1）课堂上要有笑声。会心的笑声能舒缓紧张的情绪，追求欢乐课堂，让学生快乐学习，形成和谐的教学氛围，学生学习的参与度自然就高了。记得心理学课上讲过，人在快乐中学习，学习更主动，接受知识更快。所以，有笑声的课堂教学，教学效率会更高。

（2）课堂上要有赞美声。听过一些课，会发现老师课堂上习惯做"纠错"工作，这样容易造成学生"无声"，看似安静的课堂实际上没有生气。其实，课堂就是学生出错的地方。教学中，我一直都提醒自己不要用那种一味批评纠错的方式，要用激励的、赞美的声音代替批评声，来促进我和我的学生一起进入课堂的兴奋状态。赞美声可以是对奇妙数学知识的赞美；可以是对学生学习进步和取得成绩的赞美；可以是学生对同学学习创新的赞美……这些赞美，让学生学习更有进取精神，更能激活学生沉淀的潜力，这样，也使教学的内涵更加丰富，师生互动更为融洽。

（3）课堂上要有惊讶声。课堂上要令学生惊讶，就要注重挖掘教学内容并巧妙设疑，好奇是孩子的天性，课堂教学要激发学生的惊奇感，引发学生的惊讶声。

另外，在不布置书面数学作业的同时，我也布置了一些适合任教年级学生的趣味作业，如回家当小老师，将所学知识讲给家长听、与家长比一分钟口算、与同学一同设计数学游戏、寻找生活中的数学例子等等，学生对这些作业比较感兴趣，没有负担，在检查跟进这些作业时，我也采取灵活的方式，比如让学生谈谈昨天与爸爸妈妈进行口算比赛的情况；让孩子合作上台展示他们设计的数学游戏等等。

三、学习常规严格抓，激励措施要到位

现实中，有时学生们课堂上似乎学得不错，可做起作业或者测验却错误百出，这让我非常困惑。在教研的时候，听了同年级老师的课，在佩服这两位老师与赞叹他们班的学生时，我找到了问题的原因，就是学生没有养成很好的课堂学习习惯。在班主任老师的支持下，我决定培养学生专注的学习习惯，将一些具体的措施贯穿于每一天的学习中。

同时，我结合自己的教学要求，建立了一些激励措施，如小组评分不再是以发言次数来加分，而是以坐姿、文具摆放、倾听情况、练习满分情况来加分，小奖品的发放也不以表扬信的多少为据，而是以没有因粗心出错为标准来发放，期末评研时，把评研中没有出错的孩子以"满分榜"的形式进行公开表扬，这是最后期末考试时的满分榜。

学生们在我的严格要求下，在各种激励措施的鼓励下，慢慢地习惯了认真对待每一节课、认真对待每一份练习题，敷衍应付的减少了，学生们的专注能力也得到一定程度的培养，这对在减负措施下能保证教学质量起到了至关重要的作用。

成长与成绩之间是有联系的，我们做生本也谈成绩，而且必须成绩优异。只是我们的成绩不是靠老师的高压或灌输，而是依靠学生的自主自为。评价孩子不是把他跟别人比，而是他自己与自己比较，只要进步了就要给予鼓励和肯定，让孩子收获信心和不断超越的勇气。我想说，看到孩子们的成长与成绩，也让我有信心和勇气在学校数学团队的引领下继续前行在为学生减负的路上。

（广州市天河区骏景小学　刘迅）

五、学生

（一）学业不良行为的分类改良措施浅见

对于一所学校来说，特别是一个班级来讲，学生的学业成就存在一定的差距，这是现实。但是，对于这种差距产生的原因，我们必须了解，才能对症下药，因材施教。当前，我们在教学上很少考虑学生，学生产生学业不良的一个重大根源，就是我们在课堂上的教育教学行为造成的。课堂教学方式的死板，造成学生对学习无兴趣，无心思。

北大徐凯文提供的数据表明：事实告诉我们，把所有的鸡蛋（投入和精力）都放在一个筐子里（优等生），并不一定就能得到想要的回报，教育过程应该面向所有学生，这样的教育，无论如何都不会导致我们投入和产出产生不相一致的结果。所以，我们要专注各种类型的学生。

对于学业不良学生的分析，他们有以下几种类型：①生理、智力障碍造成的；②动机不足型；③有学习认知问题型；④偏执型；⑤缺乏安全感型。

对于生理、智力障碍型的儿童，我们只能按照特殊教育的办法去单个处理。尽管他们在普通学校班级随班就读，我们也要把他们的特殊性搞清楚，如果是属于这种类型的特殊儿童，尽量让有特殊教育专业背景的老师进行跟进，采用融合教育。

其他学业不良行为的几种类型的学生，在我们的课堂上，我们要因人而异地关注这些儿童，首先是通过我们的课堂、教师和学生的互动来改善他们的学业成绩。根据有关研究，教师与学生互动越高，学业成就越好。其次，学生学业成绩与他们的学习生活的软环境有关。家庭、师生、同伴的良性互动有利于他们学业成绩的改善。

对于家庭应该做到的：对于教师来讲，最好的教学方式——用爱的眼光经常性地高期望，用教学的变革来改善我们的课堂；最好的家庭氛围——一家人对未来怀有成功的理想；最好的价值观——刻苦学习是成功的关键的观点；最好的生活方式——多鼓励孩子参加对身心有益的活动；最好的养育方式——不言自威。最好的家校方式——就是与教师保持经常性的沟通。

这些"定律"就是我们对待学业不良行为的金句，值得我们反复体味，深入思考，最好付诸于实践。但是，结合到学校实际情况，我们不难发现，每个班都会出现学业和品行双不良的学生，这些学生更让班主任头痛，不少班主任每天会为几个这样的学生花费了不少时间，但收效甚微，不断地叫家长来学校，不断地批评或"惩罚"这些学生，但是，也无济于事，这样的案例让我们教育工作者反思，我们的教育行为有效吗？我们行为的出发点和立足点正确吗？近期，读了人本主义心理学先驱、现代自我心理学之父阿德勒的《儿童的人格教育》后，让我恍然大悟。这些个体的儿童会出现这样的行为，根源来源于他在家庭得到的关注，当他到学校变成了一个群体中的一分子后，没有得到关注，所以，他通过犯错误来寻求关注。归根到底，他是因为犯了寻求关注的错误而应该被惩罚。小孩开始上学了，突然要面临一个完全不同的环境，而老师对所有的学生一视同仁，不像他在家里得到的大人们对其特别关注。如果这个小孩要求老师给予自己更多的关注，那么自然会去惹怒老师。

对于个体和社会之间关系的思考，是个体心理学的基础，学校必须学着将小孩当作一个具有整体人格的独立个体来看待，将其当作一块有待培养和发展的有价值的璞玉来看待。与此同时，学校必须学着运用心理学的视角来对个人的一些特殊行为进行分析和判断。学校对于这些特殊行为正如我们已经说过的，不能将其当作某个孤立的音符，而应该当作整个旋律中的一部分、当作整体人格中的一部分来看待。

这正是造成这些儿童学业和品性不良的内在原因，也是开启每扇门的金钥匙。

（二）学生教育管理之思考

骏景小学的办学特色是生本教育，校训是"善恕慧雅，生生日新"。理念是空的，如何把它做实，需要我们思考，让理念落地。学校特色的进一步深化，也要通过系统的设计进行，不能另起炉灶，各自为体，不成体系。只有把所有的子项目落实到整个体系中去，成为一体，才能让学校的理念生根。

为了有效践行这一理念的核心要素，学校围绕校训做文章。提出了"行生本之道，做雅慧少年"的具体路径。雅慧少年的内涵包括六个方面：美德少年、创新少年、智慧少年、才艺少年、活力少年、自信少年。

如何评价，要通过少先队系列的活动来推进，通过学生自身的发展来实践。比如，每学年的上半年，根据不同的主题分开，每月评选一项，每学期评选完毕，依此类推，持续开展。学校每月的工作任务是：三月份是学雷锋活动月，所以，三月份评选美德好少年；四月生本活动集中展示月，所以，四月份进行智慧好少年评选；五月份为六一班级合唱节，所以，五月进行才艺好少年评选；六月份是体育活动月，所以，六月份进行活力好少年评选。通过一个学期的评选，每一个班一个，期末把全校三十多个班级的雅慧少年的事迹集中展示出来，成为学生的学习楷模。

学校的德育工作围绕学校的校训做文章，只有通过有目标的构建，着力地去推行，努力地去实践，不断强化，才能形成学校师生共同的愿景，形成特色，出成效。这种成效在全体学生的言行举止中得到体现。

（三）学生学业成绩的二次评价的实践和理性思考——以生本评研为例

对于今天的学校来讲，关注多元评价是学校教育理念的一个重要方面，俗话说，多一把尺子就多一种发现。对于我们当今的学校，特别是中学，对学生的评价基本上是纸笔的分数评价为主，学生的评价以分数为主，学校的评价以状元和高升学率为依据。殊不知，《上海教育》在2011年12A期版（第34页）上专门做了一个报道，发表了"30年1000余名高考状元下场悲惨"的文章，这些状元无一成为行业领袖，包括一流科学家、企业家、艺术家等。学习成绩优秀的不见得能成为这家那家，反而学习成绩不怎么样的（有人说中上等的，八到十几名的）成功的比较多。因为，成绩是死考出来的，素质和创新能力根本不是教育能处理的。社会的实践和创新的思维才是成功之道。所以，我们学校尤其是小学，从小学生开始就要有多元的评价方向来引导学生的发展。目前，我们公认的七种多样性的评价方法有：日常观察、纸笔测试、表现性任务、成长记录袋、二次评价、评语和家校合作。如果我们抱着从学生发展的理念进行，每种评价都会给学生不一样的激励。就拿二次评价来说，我们学校实施的生本评研就是一种很好的二次评价方法。具体操作如下。

1. 生本教育课堂教学模式的教学评价

教师帮学的评价（见下图）。在这种模式下，教师必须转化角色，认识到教师的作用是为了帮助学生自己学、自己发展自己。因此，老师的帮学通常体现在教学策略的设计和资源工具的开发上，做到先会后学，先学后教，教少学多，以学定教，直至不教而教。

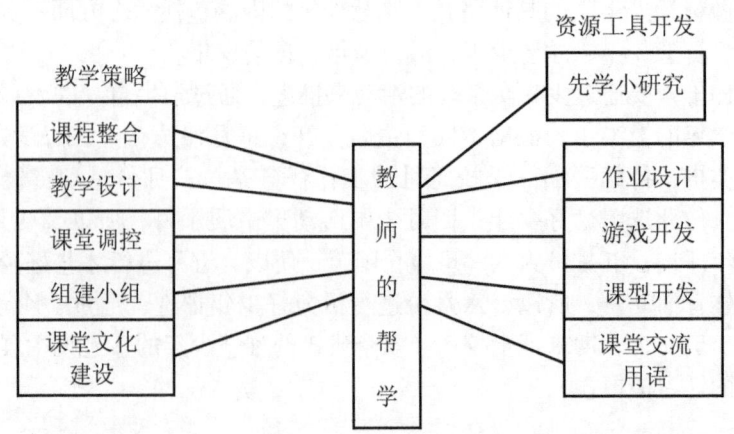

课前：

①以课标为基准，以教材为学习内容，根据学生的具体情况进行教学案一体设计（即前置性作业）。

②选择承担研究任务并主讲的学生小组，必要时先培训主讲学生。要运用先进的教育理念，又不能捆绑住教师的手脚，教师的主导作用要时刻牢记在心，要做好一个帮助者、引导者。

③预设学生可能出现或提出的问题，找到相应解决方案。对于生成性的新问题不能置之不理，这不但是学生也是教师再学习的过程。

④估计引领学生继续思考的切入点可能有哪些，以便在课堂上根据情况随机应变。

⑤准备练习应用或反馈评价所需要的问题，设计一些能激发学生主动参与的能力发展评价项目。

课中：

①仔细倾听研究小组的讲解思路，观察提问同学的动机情况，仔细做好记录，及时点评。点评要注意即时性，否则不能及时反馈学生展示思路的优点与不足。

②在学生错讲、漏讲、讲解不透、概念出现模糊的地方，要及时组织学生进行讨论。

③要提倡学生之间、小组之间相互评价，以鼓励为主。在学生体验成功的同时也要学会感受挫折，这是人生成长必不可少的两面。

2. 生本评研课：以学养学，以学养考

评研就是让学生用研究的态度对待考试，把考试作为对知识的再次学习和研究的过程。

具体操作方法是：某一个知识单元学完之后，由生本教育课题组的老师先出一套试题让学生做，然后在小组内学生互相对答案，进行研讨，经历"小组交流、全班交流、教师点拨"之后，学生自己编题考小组其他成员。学生一般根据自己对知识的理解、错题情况编制题目，希望把同学考倒。学生编考题的过程，也是知识学习的过程，他一定是自己会做了，才能去考其他同学。最后，教师根据学生编的考题再编一张试卷让学生做。由此可见，生本教学把考试作为对知识的再次学习和研究。

3. 综合评研，评研是全体学生共同进步的有力保障

"综合评研"是以"尊重学生主体，突破常规频考重围，取代以外力为主体"的评价形式。根据生本研究的特点，拟定并实施综合评研的测评方式，其

具体做法是：一是一周一小评，一月一大评，学生根据自身的综合表现进行自评、小组互评、班级评比；二是一改传统的考试方法，根据课程标准所规定的评价内容（含口试、笔试等），让学生自评、自查，由四人小组讨论、互评、互研，然后，由小组集体讨论，出一份试卷，与全班同学交流分享。之后，任选一份试卷测试，小组评阅后交由老师批阅。通过这种互动式"两评、两研"的综合测评，自始至终地体现学生的自主性、合作性、交互性、创造性、包容性，全体学生全方位地参与全教学与评价过程，教师起点拨与调控作用。

这一做法坚持了十年之久，现在还发挥着它潜在的力量。经过后续跟踪，这样学习的学生学习后劲很足，以学养考，在后来的中考和高考中，都是"必胜客"，达到了素养和成绩双丰收的效果。2016年的广州中考揭榜，骏景小学张眼芳老师的2013届的班级，成了全市关注的焦点，大家在纷纷报告喜讯：广州中考有四名获770以上的高分的学生来自骏景小学，简玥同学更是以784分获中考状元，而且这四个孩子均来自同一班级。这种现状，这个班的六年后的表现，已经成为骏景小学学生群体后发优势的缩影。这也是小学不考，一考就好的体现。就像生本教育创始人郭思乐说的：不要急于考试，用学养考，静待生命的成长。

这一评价的实施，充分尊重学生，高度相信学生，一切依靠学生，这种生本理念真正融入到了教学中，为教学服务，为学生服务，让生命焕发出精彩。

（四）教育要关注学生的幸福

对于这一命题，我们教育工作者可能没有很认真地思考过，总以为，我们在学校教书就是把课堂的知识教好，把成绩搞好，没有静下心来思考这么一个哲学问题，我们教育的目的是什么，为什么教育，教育的对象——儿童的目标是什么？所以，有人说，当今的教育，最重要的目标是育人。我国中小学能够将"Happy Schooling"作为努力目标，时刻关注学生的幸福成长，给学生充裕的闲暇时间和充分的机会培养感知幸福、追寻幸福的能力。这才是我们教育的最终目标。

教育要关涉学生的幸福，减轻学生学业负担的思考，这对我们今天的教育行为从科学数量的角度做了一个深刻的分析。我们熟悉的教学行为，比如，对做过多的家庭作业对学生的不利影响、适当的家庭作业时间、学习策略与学业成绩、学习品质与学业成绩等方面的分析，让我们知道，这些行为的科学与否对学生身心的影响，对学习的帮助情况，对学生校园幸福的影响。

由此启发我们思考：①片面追求分数的手段只会伤害学生的身心。教育要分数，但不能只为分数，获取分数的手段上，如果是轻负担、高效率的方式才是值得推崇的方式。②孩子的幸福关系到他一生的成长。小学阶段是一个孩子身心健康成长的关键时期，他的品性和身体的发展影响他的一生，如果我们在小学只重视分数和考试的压力，会让他今后的人生成长缺乏后劲的动力，不仅会影响其做事能力，更可能会影响他个人的基本素养。那是我们教育的失败。③教育要因材施教，不要把每个人都往成功成才的路上赶，每个人的资质不同，具体的生活环境不同，不经意地实现学生的分层，让优秀的和普通的学生各取其所，各成其业，对个人和社会都有好处。

哲学家艾德勒认为考察人性，考察人的自然欲望，可以发现构成幸福的四类真实之善。一是外在之善，是我们称之为财富的东西，我们使用的所有经济物品和服务，即所有商品；二是身体之善，像健康、身体上的愉悦和休息；三是满足我们人类社会属性、我们的朋友以及我们生活在其中的社会的社交之善；四是心灵之善，像知识、真理、智慧和德性。

教育可以提高人的劳动生产率，进而带来更高的收入，可以满足人们对外在之善的追求。通过学校教育结识更多的朋友和人生之师，可以促成社交之善。而且，学校教育传授知识、真理，帮助学生增长智慧，形成社会需要的品德和价值观，给学生带来心灵之善。此外，形式多样的学校文体活动也会增长学生的身体之善。

哈佛大学"积极心理学"的创始人本·沙哈尔说过：他读有关幸福的书，从亚里士多德到孔子，从古代哲学到现代心理学，从学术研究到自助书籍等等。最后他决定去大学主修哲学和心理学。他的幸福观逐渐清晰起来：幸福，应该是快乐与意义的结合。"一个幸福的人，必须有一个明确的、可以带来快乐和意义的目标，然后努力地去追求。真正快乐的人，会在自己觉得有意义的生活方式里，享受它的点点滴滴。"

（五）小学的重点不在成绩，在于阅读

从理论上讲，0～6岁是儿童的良好习惯（包括心理习惯和行为习惯）形成的关键期，同时也是儿童各项能力发展的黄金期，其中最为重要的就是学习能力的发展，这种看似复杂的学习能力，却可以用一种能力的发展培养出90%以上，即"阅读能力"。

6～12岁，是阅读能力（即学习能力的基础）长足发展的最黄金时期，这六年，可以说，什么都没有海量阅读、大大提高阅读能力的发展更为重要。一个孩子的聪明才智，如同种子，需要条件才可以发芽生长。这个条件就是海量阅读和动手动脑的游戏方式。

阅读重要，好书同样重要，那么什么样的书适合小学阶段看呢？以下是有关机构整理的部分适合 6～12 岁孩子看的十本好书。

①《罗尔德·达尔作品典藏》（全十二册）

②《窗边的小豆豆》

③《美国国家地理少儿版百科》

④《从小爱科学·有趣的物理》（全 13 册）

⑤《小牛顿科学馆》（第 1 辑，共 6 册）

⑥《法布尔昆虫记》（共 10 册，儿童彩图版）

⑦《孩子，先别急着吃棉花糖》

⑧《林汉达中国历史故事集》

⑨《神奇校车·图画书版》（全 11 册）

⑩《林格伦作品集·美绘版——长袜子皮皮》

（六）"善待"的根基在学习方式

作为校长要记住三个"善待"——善待自己、善待学生、善待教师。笔者认为：如何善待学生，重要的是要善待教师的课堂。把课堂搞活了、效率高了，学生学得快乐、高效，不需要花很多的时间加班加点，就是善待了我们的学生。其中，"学习金字塔理论"就是我们校长对待师生的一种理论指引。所谓的"金字塔理论"原是美国缅西因州国家训练实验室的研究成果，它用数字形式形象显示了：采用不同的学习方式，学习者在两周以后还能记住内容（平均学习保持率）的多少。它是一种现代学习方式的理论，最早是由美国学者、著名的学习专家爱得加·戴尔于 1946 年提出。

具体内容是：

在塔尖，是第一种学习方式——"听讲"，也就是老师在上面说，学生在下面听，这种我们最熟悉最常用的方式，学习效果却是最低的，24 小时以后学习的内容只能留下 5%。第二种，通过"阅读"方式学到的内容，可以保留 10%。第三种，用"声音、图片"的方式学习，可以达到 20%。第四种是"示范"，采用这种学习方式，可以记住 30%。第五种，"小组讨论"，可以记住 50% 的内容。第六种，"做中学"或"实际演练"，可以达到 75%。

最后一种在金字塔基座位置的学习方式，是"教别人"或者"马上应用"，可以记住 90% 的学习内容。

学习效果在 30% 以下的几种传统方式，都是个人学习或被动学习；而学习效果在 50% 以上的，都是团队学习、主动学习和参与式学习。

有困难，找学生

有困难找学生，学生是解决教育问题的原动力，这是生本教育的出发点。每当学校要开展文娱活动，我就想到了陈颖莎——一个活动积极分子，一个高超的活动组织者。每当学校布置出板报，我就想起了林蕴芊——一个独具绘画天分的学生，一个版面布局"大师"。每每遇到问题，都可以找到相应帮助解决的学生。

这就让我想起了两个历史伟人——刘邦和诸葛亮。刘邦本身似乎不学无术，但他善于用人，善于交付，打仗的事交给韩信，后勤的事交给萧何，运筹帷幄有张良。刘邦的信任，刘邦的放手，刘邦的不管而管给我们教育的启示是：相信学生，学会放手，把困难交付给学生，把管理权交付给学生，学生一定会在教师指引下，自主走向成功。刘邦的高超管理术成就了汉朝400余年历史。反观，鞠躬尽瘁，死而后已的诸葛亮，大事小事，事必躬亲。他怕赵云年老，怕魏延反骨，怕姜维年轻，事事不敢放手，结果活活累死，他的继任者始终不能独当一面，蜀汉也因此走向灭亡。如果他能如刘邦，历史也许将改写。

故此，站在后人的角度，我要表扬刘邦的"生本"，批评诸葛亮的"师本"。"生本""师本"立见高下。

(广州市天河区骏景小学　吴双法)

学生沉迷于上网怎么办
——浅谈纠正小学生不良行为、培养优秀习惯的对策

本学期我调入刚刚建校一年的骏景小学工作，学校安排我担任六年一班的班主任。该班共有50人，其中男生29人，女生21人。这个班的孩子全是从全国各地转学而来的，用他们自己的话说，就是"来自五湖四海"。这些孩子给我的第一印象是朴实、纯洁，我很快就喜欢上了他们。

但是，随着教学工作的一步步开展，我发现该班部分男孩子上课注意力非常不集中，精神很差，萎靡不振，睡眼惺忪，没有朝气蓬勃的感觉，经常不做或不交作业。经过一番细心的访谈，我了解到他们在暑假里由于无人看管，天天去附近的网吧上网玩游戏。现在开学了，他们白天没时间去，就在下午放学后再去，有时晚饭后接着去，个别甚至在半夜三更也去。我了解到经常去网吧的男孩子有14人，出于教师的责任感，我意识到这些孩子正处于危险的边缘。可以想象，如果不管不问，那这14个孩子将荒废学业，身体受损，思想日益颓废，甚至滑向犯罪的深渊。但着急上火、手忙脚乱，甚至把学生看成"坏家伙"，采用恐吓、压制等简单草率的强制干预办法是行不通的。怎么办？我着

急,我苦思冥想,我求教领导和有经验的同事。经过大量的工作,我们成功地挽救了这些孩子。现在想来,我在纠正学生上网玩游戏这一不良行为、培养学生优秀学习习惯上主要做了以下几方面的工作。

一是抓时机。有经验的教师都知道,教育学生的成效,不仅取决于花了多少时间,讲了多少道理,更取决于教师是否善于捕捉教育的时机,拨动学生的心弦,引起他们的情感共鸣,被他们所接受。

记得在国庆节前,因为担心学生在节日假期又去上网玩游戏,我组织经常去上网的14个孩子的家长开了一次家长会。在会上,我对14位家长坦诚地讲了开学以来他们的孩子出去上网玩游戏的状况。我说,从时间上来讲,孩子们的行为已严重地影响到他们的学习;从地点上来讲,孩子们去的都是"黑吧",里面什么样的人都有,这是非常不利于他们的成长的;从上网的内容来说,大多是充斥着暴力、色情的游戏,实在是不适宜小学生,不利于孩子们的身心健康发展。我希望家长们能配合学校共同做好孩子们的教育工作。家长们很明智,马上纷纷表态。有的说,他们完全不知情,感谢老师的良苦用心;有的说,他们没时间管孩子,询问老师该如何办;有的说,他们的孩子不服管教,请问老师有何妙计;有的说,他们的孩子交错了朋友,回去后会对孩子进行教育;等等。很快,家长们聚在一起,积极地分析原因,寻找对策,家长会取得了很好的效果。取得了家长们的配合后,我趁热打铁,会后又一一找这14个学生谈话,跟他们摆事实,讲道理,使他们明白上网玩游戏是不良嗜好,必须马上改掉这些坏毛病,否则后果不堪设想。我还在班上组织了讨论,通过准确有力、深刻的分析和启发,孩子们明白了道理,提高了觉悟。此外,我还布置学生在国庆节假期间做有关学生上网沉迷于游戏的剪报,对学生进行了一次生动的法制教育。事实证明,以上的做法是成功的。在国庆节假期间,我班没有孩子再去"黑吧"上网玩游戏。通过以上工作,在阻止孩子们上网玩游戏方面取得了阶段性的胜利。

二是动真情。在教育学生时,我以理服人,用情感人,态度诚恳,语重心长,使学生完全明白和感受到老师是为了他们自身的健康成长而用心良苦,不是在有意与他们过不去,这样就产生了情感交融的和谐气氛,使学生充分理解,迸发出心灵火花,增强克服不良嗜好的内动力。记得是在九月底,学校组织去秋游,当时真是草木皆兵,校领导亲自到我班蹲点,就是怕学生趁机开溜,又去上网。秋游回来,我担心孩子们心痒手痒又去网吧,决定亲自送张、王、郑、苏、叶这几个"最危险"分子回家。在路上,我与几个孩子说说笑笑,问他们国庆节假期准备去哪里玩,谈谈我自己打算带小孩去哪里玩,孩子们的心扉打开了,七嘴八舌地告诉我他们的打算。当有一个孩子告诉我,他准备去珠海亲戚家玩游戏时，我心里一愣，但很快我就平静下来，我搂着他，不厌其烦地给他讲道理，快要到他家了，他才答应我不去。事后我与他妈妈交流时，他妈妈说，亲戚家哪有电脑？我一惊，原来孩子在考验我呀！好在我当时以情感人，以理服人，要不，怎能得到孩子发自内心的认可呢？

孩子们经常去上网，使得他们的心不静了。静不下心，是学习的大忌。因此，我要想办法让学生的心静下来，让孩子们的心快点回到教室里，回到学习上。我想，孩子们为什么喜欢游戏呢？如果我的课和游戏一样，孩子们肯定会喜欢。因此，我在教学语言上力求儿语化和趣味性，激发学生认真听讲的兴奋点。在讲授讨论中我不失时机地引导学生动口讲一讲，动手做一做，动脚跳一跳，并穿插一些轻松活泼的游戏，孩子们处于轻松、愉快的学习氛围中，有意注意的保持时间自然增长，课堂效果大大增强。我经常在课余时间与孩子们说说话，聊聊天，尽量与孩子们拉近距离。记得有一次我开玩笑说："老师的讲课是不是比你们玩的游戏还有趣？"学生一开始不敢接口，后来他们在作文中承认，老师的课确实是生动、活泼，有时还有趣，他们喜欢上王老师的课。有什么奖励比得上赢得孩子们的认可呢？此时此刻，我既为孩子们的注意力慢慢地从游戏迁移到了学习上而欣慰，又为自己的努力得到了学生的认可而高兴。

三是勤鼓励。当学生有了进步，哪怕是一丁点儿的进步，我也充分肯定成绩，鼓励其继续努力。在课堂上，我经常给这14个学生回答问题的机会，促使他们始终处于积极主动的学习状态，以调动他们学习的主动性和积极性，变"要我学"为"我要学"。

我认为，爱去上网的学生大多聪明，但"聪明反被聪明误"，他们因为耽误了学习，学习上反而存在胆怯心理，不少学生往往有了疑难问题却不敢提。因此，在教学过程中，我十分注意教学信息的反馈，注意发现和把握学生中出现的疑点和难点，鼓励孩子们积极思考，主动提出问题。对于孩子的无数个"为什么"，我没有不耐烦地以一句"不知道"或"烦死了"来应付，而是尽我所能来帮其了解这个奇妙世界的本来面目。随着我的鼓励，孩子们提出问题的欲望在不断增强。

本学期我觉得进步最大的是梁、董、袁和郑4位同学。梁是本学期刚转学到我班的学生，开学初，跟着同学去了几次"黑吧"，后经过老师、家长的共同教育，很快就把注意力放在了学习上，成绩日益进步，还被评为"有进步的学生"。董是个稳重的孩子，当老师指出其错误后，他虚心地接受老师的教育。当听到老师表扬他稳重，发现老师没有嫌弃他时，他甚至请我帮助他学好语文（他从小在法国长大，四年级回国才正式学中文）。今天，当我看到笑咪咪的小董时，真是发自内心地为他感到高兴。郑的进步较慢，他的转折点是在12周的一篇作文中体现出来的。那次他的作文内容较具体，难能可贵的是立意较高，这对于一向冷漠、懒散的他来说，实在是让我眼前一亮。我摸到了这个孩子内心最柔软的部分。机不可失呀！我趁此机会赶紧在班上宣读了他的作文，还特意表扬了作文的立意高远。从那次开始，郑开始认真地写作文，至今，他的作文总共在班里念过三次，每念一次，我就认真地对他说："这是你第几次？"期末考试，他的语文考了"优"，我与他一样高兴，我告诉他，我相信他的数学、英语也会进步。

四是常坚持。我认为，学生年纪小，可塑性强，缺乏韧性，要改变学生的不良嗜好，需有个长期、反复锻炼的过程，前紧后松、一曝十寒、时冷时热是收不到成效的。我班去"黑吧"上网玩游戏的有几个"老大难"：张、刘、王、陈。他们聪明，能理解老师的良苦用心，但意志不坚定，经常是一边答应不再上网，一边又偷偷摸摸地上网。对这几个孩子，我没少花心思，总是跟他们聊天，及时了解他们的思想动态。

另外，我对孩子们进行了一些约束，比如在作业上，我就提出了如下要求：①纠正作业态度，时间上要及时，态度上要认真，思维上要独立。这意味着对这14个经常去上网的孩子而言，就是放学就要写作业，自己做，不抄袭。一开始，他们会耍花招，比如少做，我不着急，慢慢来，一个一个过关，几个回合下来，他们才意识到老师是非常认真的，于是他们也就认真了。②养成一心一意学习的习惯。这14个孩子中经常发生的情况是借借笔，问问这个，摸摸那个，磨时间，总不能集中精力去学习。为此我采取的方法是：适当缩短其学习时间，要求孩子在一定时间内完成哪些作业。做完后，就可以痛痛快快地玩。现在，孩子的学习效率较以前有很大提高。他们终于明白了我经常讲的"认认真真地学，痛痛快快地玩"是什么意思并尝到了甜头。

培养孩子们独立思考、持之以恒、锲而不舍、循序渐进的优秀的学习习惯，是我的目标。我希望这14个孩子认真对待每一次作业，积小胜为大胜，争取最终获得学习上的成功。我常对他们讲，"不积跬步，无以至千里，不积小流，无以成江海"，这是中国古代学者在学习上的经验之谈，希望他们能理解，去实践。

亚里士多德说："我们每一个人都是由自己一再重复的行为所铸造的。因而优秀不是一种行为，而是一种习惯。"从某种意义上来说，习惯优秀才是真正的优秀。我多么希望我的学生能有优秀的学习习惯。著名教育家叶圣陶先生说得好，"教育是什么？往简单方面说，只有一句话，就是养成良好的习惯……"在长期的班主任工作中，我深深地懂得了小学阶段是人的成长的起步阶段，也是人的基本素质形成的开始阶段，是优秀习惯养成的关键期。学生优秀的学习习惯,是在教师日常的教学工作中,一点一滴耐心培养起来的。让我们广大的小学教师都来重视培养小学生优秀的学习习惯。

(广州市天河区骏景小学　王清华)

争当雅慧少年　共创生本校园
——骏景小学评选"雅慧少年"活动方案

慧,智慧也,俗谛曰智,真谛曰慧。

雅,正者也,敏而好学,雅量豁然。

为贯彻落实国家方针,围绕立德树人根本任务,践行社会主义核心价值观,结合我校实际,把校训中"雅、慧"的内涵深深地植根于学生的心田,培养智慧文雅少年,树立学生榜样,以榜样的力量带动全体同学,形成良好的校园风尚,我校决定开展评选"雅慧少年"活动。

(1) 活动主题:争当雅慧少年　共创和谐校园

(2) 评选范围:全校少先队员

(3) 活动时间:

三月份"美德少年"

四月份"智慧少年"

五月份"活力好少年"

六月份"才艺好少年"

(4) 推选标准:

"雅慧少年"评选活动根据其事迹分别设立"美德好少年""智慧好少年""活力好少年""才艺好少年"4个类别。标准如下:

①美德好少年:主动践行社会主义核心价值观,乐于助人,敢于伸张正义,热心帮助同学,孝老爱亲;积极投身志愿服务活动,热心参与公益活动。

②智慧好少年:追求知识,勤于学习,勤练技能,知识面广,积极参与阅读活动、学科活动。

③活力好少年:积极阳光,热爱体育运动,积极参加体育锻炼,在体育竞技方面勤于练习,刻苦训练。

④才艺好少年:有正确的艺术观,自身多才多艺或拥有特殊的一技之长,积极参与各类才艺比赛。

(5) 活动要求:

①高度重视,保证质量。评选"雅慧少年"活动,各班切实加强组织,真正选出我校诚实守信、孝老爱亲、勤奋好学、乐于助人等在养成教育方面表现突出的学生,使雅慧少年成为全校学生的楷模。

②加强宣传，营造氛围。各班要充分运用主题班会、黑板报等各种载体，学习雅慧少年的先进事迹；学校将通过多种方式大力宣传各班涌现的典型人物和先进事迹，努力在学校形成学习雅慧少年、争当雅慧少年的良好道德风尚。

(6) 评选方法：

①评选活动采取学生自荐和班级择优推荐相结合的方式。

②各班根据每月评选项目评选出1名好少年。

③各班在每月最后一周星期二前把申报表，500字左右的事迹材料（电子文档），生活照一张交大队部。

（骏景小学少先队辅导员　黎芳）

六、课堂

（一）生本课堂：现代学习观念与生本课堂的教学例证

从目前经历过的学习观我们不难发现，从最初的行为学习观到认知学习观，再到人本学习观，最后大家所推崇的建构学习观的过程可以看出：这是影响我们教学目标转变的理论依据。行为主义改变行为的改变，认知主义注重知识的获得，人本主义注重人格的成长，而建构主义重在创意培养。我们面对21世纪创新人才的培养要求，我们在教学上、课堂中要以建构学习观来思考我们今天的课堂教学，我们的课堂教学模式和课堂改革，只有科学理论作为支撑的课堂才能走得更远，更有生命力。也只有基于科学的理论，才能促进教学改革。

当前，生本课堂就是一个能诠释建构学习观的有效课堂。我们学校正在实施的生本教育已经走过了十多个年头，现在依然具有强大的生命力，得益于它有自身的理念体系。

生本教学的十六字方针：先做后学，先学后教，少教多学，以学定教。

1. 生本教育的核心理念

一切为了学生，高度尊重学生，全面依靠学生。

2. 生本教育理论体系

(1) 价值观：一切为了学生。

(2) 伦理观：高度尊重学生——儿童是天生的学习者；儿童人人可以创新；儿童潜能无限；儿童具有独立性。

(3) 行为观：全面依靠学生——学生是教育对象更是教育资源。

(4) 生本教育体系的哲学思考：无为而为；少教多学；可以双赢。

(5) 生本教育的课程观：小立课程，大作功夫；整体感悟与知识生命。

所谓小立课程，指的是教给学生的基础知识要尽可能地精简，而腾出时间和精力让学生大量地进行活动，也就是大作功夫。

（6）生本教育的方法论：先做后学，先会后学；先学后教，少教多学；以学定教，不教而教；讨论是学习的常规；读和做，缓说破——促进感悟，开发潜能。

3. 生本教育的三个基本观念

（1）学习的发生之处是学生，学生是最大的教学资源。

（2）教师的最高境界，是"不见自我"，是"最合脚的鞋子"。印度哲学大师奥修曾说："当鞋合脚时，脚就被忘记了"。理想的教育应该如那合脚的鞋，让受教育者感受不到教育的存在。"教师的核心任务，不是自己'教'，而是组织学生'学'、服务学生'学'。他要为学生创造生机勃勃的、令学生'忘我'的课堂。"

（3）学生快乐、美好的学习生活，是德育的真正基础。产生德育问题的一个重大根源，是由于教学不当而造成的学生厌学、受压抑、无心向学。反之，当学生对学习充满热情，意气风发、努力向上时，德育工作就有了一个十分良好的基础。学生美好德行的建立、人格的建树，不能依靠外在的说教，而必须依靠学生自身的体验和感悟，必须经过学生的内化去实现。

4. 生本教育课堂教学模式

生本课堂就是以学生为主体，让学生主动、自主学习的课堂。具体表现形态为"四突出""三转变"和"四个基本程序"。

四突出：①突出学生：充分发挥学生主体作用，完全改变教师讲、学生听的局面；②突出学习：整个教学过程处处突出学生的学习、质疑和探究；③突出合作：全班分成若干小组，每小组4～6人，无论是课前准备还是上课时的学习，每位学生都必须在小组内充分发挥其应有的作用；④突出探究：让学生通过自主学习、探究获得知识，形成能力。

三转变：①变教师灌输式的教为学生自主性的学，使学生获得学习动力；②变"听懂了"为"学懂了""会学了"，使学生掌握学习方法；③变"他律"为"自律"，使学生获得自信、自尊，激发内在的学习潜能。

我们的孩子从小就学会了如何学习，这是最为重要的。学习是孩子的天性，人人都是学习者、创造者、人人都有巨大的潜力，教育就是要激发学生内在的学习潜能，让学习变成学生自主的要求和行动，让学生学会学习，享受学习，实现学习快乐、素质提升、成绩优异。学校要培养学生成为大方自信、自主探究、合作思辨的，具有"合群乐学，博观善思"的学风和健康人格的阳光少年，成为具有创新精神、实践能力的时代新人。为把学生培养成为具有中国灵魂和国际视野的世界公民而努力做好奠基。

总之，2016年中考的高分孩子如此密集地出现在一个社区小学的班级，绝对不是偶然，这是骏景小学这些年坚定而又纯粹地做生本教育的必然结果，作为一个身在其中的老师知道，骏景小学的这种教育，这种植根于师生的生本教育理念，带给学生的必将是更广阔的前景，必将迎来更为绚丽的教育春天。

（二）从一堂评课看笔者与专家的观点差异所得到的启示

一所学校能够把课堂开放出来让同行和专家观摩是要勇气的。因为课堂才能看出一所学校的教育教学的真功夫。有的学校会总结，校长会自夸，谈得头头是道，但是，他自己学校的课堂平平凡凡，不敢拿出来让同行观摩。我曾经到不少"名校"去参观过，其很少让我们去看课堂，最多是看学生的活动表演。因为课堂的建设不是一朝一夕的事情，课堂的改革也不是一蹴而就的过程。它融入了学校的育人理念、办学思想、课堂功底。所以，课堂才能见真功夫。

最近，笔者到了一所传统名校的一个特色活动的研讨总结会，它就敢于把学校的各个学科亮出来让同行和专家观摩，从这一点来说，它就是成功的，校长有底气，也有豪气。因为这所学校的校长知道，学校能够让专家和同行到学校听课，对学校的发展是一次难得的机会，尽管有些不足，正是不足，才是学校发展的机会。

下面笔者把自己听一节数学课的评课和一位专家教授的语文课的评课摘录下来对比看看，引出笔者的一些思考。

笔者对一节二年级的九九乘法口诀新授课做评语如下：本学校的办学思想是快乐教育，这一思想在课堂中体现出学生的快乐在哪里？通过观察发现：课堂中尽管采取了一些学生研讨题，个人思考总结的结论、发现的规律等形式，但这些形式都是在教师的指点下，学生才做出来的，学生做，教师板书，整个氛围没有体现课堂活跃的景象，师生互动、生生互动不多、不深。所以，笔者认为：这所学校的快乐教育流于表面，没有从课堂的角度去思考如何落实在课堂的师生活动的环节上，如果没有这些表征出现，快乐教育就是无根之木，随风飘荡，根基不牢，就是装装门面，走过场。因此，学校的特色教育一定要扎根在课堂上才有生命力。

北师大教学学部的张冬娇教授从课堂的环境、文化、活动几个方面对一节语文课进行了评价：

首先从文化看，一定要有文化自信、文化自觉。学校确立的教育理想自身要肯定和赞誉。学校理念的自信，通过"六乐"目标得到体现；实践自信，通过课程、管理、环境得到实施和建立。学校得到了社区、家长和有关部门的肯定。生生互动的方式比较少，快乐教育没有看到快乐的地方。

再看课堂，主要看知识和方法，学生表达清晰、声音洪亮。

不足在于：

（1）教学方式还是比较单调，比如，小组合作教学、组长如何发挥作用，成果如何体现，教师评价少，对话要充分一点。课堂上有18位同学没被教师点到名回答问题，有2个同学被点了五次发言机会，还有不少同学没有发言，所以，教师要有意识地关注每一个同学。要给更多的学生质疑的机会，要建立教师的课堂评价标准。

（2）作为快乐教育还需进步，进步无止境。要让课堂体系更精致，比如课堂观察、课堂展示要建立行为标准，从教转化到学，要固化这些成果。包括课堂专著、文化专著、一系列成果专著。

启发：评课一定要站得高，看得远，要有理论依据，也要有实践指引，切中要害，不留情面。问题说透，方法说够，这才是真正的评课。

一所学校坚持了近30年的特色教育，但是，从课堂上看出还没有真正的撬动，所以，要固化成果，不流于表面，要从长远计，培训新老师，不要断层，要把功夫做实，把理念做透，成为师生的共同价值追求。

通过笔者和专家对课堂的看法，可以看出这所学校的课堂和学校的办学理念融合得不够紧密，这不得不引人深思：一个学校特色教育的重心应该放到课堂，并不是热热闹闹的活动，那是昙花一现的东西。所以，经验总结研讨固然重要，更重要的是冷静下来，找出问题，再启航向，让理论更完备，现实更扎实，紧记来路，从路径上着手设计。教育的目标，就是学生的全面发展。课堂的目标，就是生生互动、探究学习、激扬生命。

（三）改变自己从改变课堂开始

《儿童发展与教育心理学》这本书提到了教育心理学所提出的四个需要同时解决的问题——学生、教师、教学策略和教学内容。在教学策略上着重提到了教学方法和教学模式。我们近几年所倡导的生本课堂，既是一种理念，更重要的是操作模式。因为生本理念是"一切尊重儿童、一切依靠儿童、一切为了儿童"，这正符合儿童身心发展规律，生本课堂的模式和做法是有科学理论依据的，是符合儿童心理发展规律的。所以，我们要不遗余力地倡导和实施。作为老师要加强学习，要重视学生学习的规律，要充分发挥学生自主学习、主动学习的能力，在老师引导下的主动学习。作为生本教学模式，它完全符合新课标的理念，而且是一个更具有操作性的模式，所以，我们要大力倡导，力求实效。作为教师要做真实的研究，要做原生态的生本，研究常态性的教学。把生本的问题带进课堂，在课堂中研究，做科学的研究，所以既要读《儿童发展与教育心理学》，更要将自己的课堂和生本的课堂做比较，为什么别人能做，而且能做好，自己的课堂为什么不能做，做得没有别人好，这些都要好好琢磨、思考、研究。这样我们才会进步，才会成功。

（四）生本课堂观课后的思考之一

学校开学之初就进入了生本接待课的常态，我连续用心听了语文、数学、英语等课，老师们的课堂确实体现了骏景小学生本课堂的特色和学生发展的成效，特别是9月15日开放对来自部分省市的校长骨干教师的课例，让我印象深刻。生本教育的创始人郭思乐教授也亲临现场观看了部分课例，他说，这就是我们期望的生本课堂。在交谈中，我们敞开话题，对有些做法提出了新的想法，具体交流分享如下。

对于数学生本课堂：我注意到在学生的前置小研究中出现了"自学课本第几页到第几页"这样的用语，我个人提出了自己的看法。如果小研究在每种课型中都有这样的程序，是否会造成学生们在自学中会有一种先见为主、造成定势思维的可能，是否对学生的发散思维有影响。郭思乐教授听后也有同感，后来在数学科组的教研活动中我也提出我个人的看法，资深生本数学专家梅馨老师听后，她说这个想法可以作为问题探讨。对学困生可以先自学，作为前期知识铺垫可能会有益处，对于素质好的同学如果让他先学，有可能课本上的解决问题的方法制约了他思维的扩散，不利于学生形成思维的核心根基。比如，我们在进行加法的交换律的教学时，我们如果先学，学生可能记得加法交换律的定义和方法，但为什么有这种交换，能交换的核心本质他不一定明白。而如果我们教师在前置小研究中注意到这个问题的根本在哪里，进行下列的设计：从熟知的问题入手，建立其探索新知的根。提出：3＋5＝？　5＋3＝？　3＋5＋7＝？　5＋7＋3＝？　通过学生的几种算法，提出思考问题，你发现了什么规律？能用简捷的语言表达这种规律吗？这就是前置小研究应该先做的问题设计。通过提出问题，猜想，论证，这些工作就能提升学生的思维品质和思维能力。思维能力提升了，学生的素养提高了，教学进度也会加快，教学在这种"扩展"与"精细"上下功夫，进一步落实效果会愈来愈好，这就是所谓的"素养高，何愁考"。

（五）生本活动观课后的思考之二

（1）生本语文教学，重在推进大阅读，就以《蟋蟀的住宅》这课为例。这堂课，老师基本上没有去教什么，对文章怎么写、人物怎么去分析，没有过多地涉及，而是完整地让学生去经历、去学习。对课文，读懂了，字认清了，这就对得起作者法布尔了。但学生并不需要老师去教，学生以读引读，以读引说。对蟋蟀的"蜕变"，对其他类似动物的拓展，这就是几种说明文很好的表达。争取大量的时间，让学生很快乐地去学，让孩子们做得更多、更好。教师教的特别简单，带来的成果丰富恢宏。

（2）对于生本英语教学。英语生本教学有自己的特色，绘本阅读，绘本自绘，手工自绘到电脑软件配合自绘，这次四年级张瑜老师的课例"My bedroom"，很好地体现了生本英语课堂的特色和成效。骏景小学的英语教学方向和英语的特色是在深度上探索和实践，有做法有成效。重在阅读、交流、课本剧的编写和表演，自动生成，逐步形成常态。但在扩张和精细上要把握好，阅读的扩展，单词的精细，相得益彰。如单词的解决能否通过小组的课外时间解决掉，腾出大量的时间让学生进行交流和表演，如果我们处处精细实在（知识点、考点），就会形成以考为导向的死气沉沉的课堂，教师就会成为"市井之徒"。如果过于扩展，可能在最基本的字和单词上不过关，就会头重脚轻漂浮起来。所以，我们要把握好精细和扩展的这种关系。

当我们站在一个高地时要有一种高处不胜寒的感觉，当我们成就辉煌时要有虚怀若谷的心胸，广济博施，博采众长。在生本英语的教学中，天河区珠村小学的邓惠芳老师的小组合作做得很有成效，我们骏景小学的绘本阅读也有自身的特色和成效，如果彼此相互借鉴，生本英语将会锦上添花，更放精彩。

我制订了这样的生本课堂学习规范

一、对学生的规范

（一）课前

1. 根据教师设计的前置性小研究主动进行学习。善于使用工具书，会进行各种信息化资源搜集，会整理学习资料。对先学过程中遇到的困惑能做好记录，为小组合作学习做好准备。

2. 预备铃响，学生马上做到：

上课了，回位置，
左上角，放书笔。
文具盒，抽屉里。
坐端正，不出声。
齐安静，搞活动。

3. 课前三分钟：由学生小干部组织丰富多彩的活动，比如讲故事、读新闻、经典诵读、成语接龙、表演小品、口头作文、演讲等等。

（二）课中

1. 总的原则：精神饱满，遵守纪律，主动积极，自信大方。善于倾听，积极思考，大胆发言，敢于创新。

2. 对坐姿、站姿的要求：坐如钟，站如松。

3. 对读书、背书的要求：双手捧着书本，书本上端稍抬高与桌面成45°角，头稍向前倾。一、二年级学生可以要求指读。

　　　　　　　　　我朗读，坐端正，
　　　　　　　　　拿起书，大声读，
　　　　　　　　　正确流利有感情。
　　　　　　　　　一字字，一行行，
　　　　　　　　　一边读，一边想。

　　　　　　　　　我背诵，放下书，
　　　　　　　　　坐端正，聚精神。
　　　　　　　　　一边想，一边背，
　　　　　　　　　声音大，听得清。

4. 对写字的要求：

　　　　　　　　　我写字，坐得正，
　　　　　　　　　腰杆直，双肩平。
　　　　　　　　　三个"一"，记心头，
　　　　　　　　　身离桌，有一拳；
　　　　　　　　　眼离手，恰一尺；
　　　　　　　　　手离笔，是一寸。
　　　　　　　　　我的字，真漂亮，
　　　　　　　　　横是平来竖是直，
　　　　　　　　　字迹清晰又工整，
　　　　　　　　　不大不小不歪斜。

5. 对发言的要求：

　　　　　　　　　我发言，站起来，
　　　　　　　　　不摇晃，如松柏。
　　　　　　　　　声洪亮，口齿清，
　　　　　　　　　讲完整，说通顺。

6. 对课堂用语的要求。例如：

①讲解：讲解时声音洪亮，叙述有条理；到讲台讲解时，侧身站立，面向

同学们,要落落大方。讲解前会问好,"大家好!下面我来给大家讲一讲……"讲解完会致谢。

②质疑:"老师,我有一个问题……""请问××同学……""我不明白××,请问这是为什么……"。

③回答:"这个问题,我是这样认为的……""读了课文,我体会到了……""下面谈谈我的看法……""之所以……是因为……""因为……所以……"。

④补充:"我说完了,大家同意我的看法吗?有没有要补充的?""听了你的发言,我深受启发,但我有不同意见……""我觉得你刚才说得很有道理,但是我想补充一点……"。

⑤评价:"请大家评一评我读得怎么样?""我觉得你声音响亮,但……""你读得绘声绘色,特别是……""谢谢你的鼓励(或意见),我会继续努力(或改进)。"

⑥辩论:"××同学,我的看法与你不同……""我们就××问题来辩论一下。支持我的同学请举起手来。"

7. 对课堂笔记的要求:善于用圈、点、画、批注的方法学习,记录下重点内容、自己的点滴体会以及尚未弄懂的问题。

8. 对课堂安全的要求:不能无故不请假就擅自离开教室。实验课要认真观察,注意老师提示的实验要点、动作要领,遵守规章制度。体育课要穿运动服、运动鞋,不得离开指定的活动区域。

(三)课后

下课了,要放松。
上厕所,喝喝水。
看绿色,做做操。
仰起脖,望远方。
护眼睛,休息好。
不喧哗,不追逐,
讲安全,人人夸。

二、对小组的规范

1. 总的原则:大班教育,小组管理,互助合作,人人进步。

2. 创建小组:充分尊重学生意愿,允许自由组合,同时保证小组每位成员在性别、性格、学习习惯、学习能力、兴趣爱好等方面有差异性。创立个性化组名,设计好小组标志,定下组规。比如有的小组组规:

> 四人一起来讨论，
> 你一言来我一语。
> 看法不同没关系，
> 求同存异是关键。

3. 明确分工：首先推选小组长，再由学生报名充当组内其他角色，比如记录员、监督员等。可以实行轮岗，定期互换角色。

4. 学习规范：交流时，在小组长组织下轮流发言，其他成员认真倾听、记录、思考、补充；发言时，音量适中，小组成员听得见又不影响其他组学习；上讲台活动时，全员参与，台上台下生生互动，会展示，会补充，会提问，会回答，会辩论，会使用汇报用语，比如"大家好！我们是××小组，我们来汇报一下……""我们小组汇报完毕，掌声有请下一组。"

5. 及时指导：小组活动时，教师首先是旁观者；当小组活动遇到障碍时，才是指引者。当小组表现出色时，是激励者。

6. 评价激励：每节课、每天、每周都有评价，得出小组总分和个人得分。每周五下午进行汇总，每周一早上班会进行总结、评比、完善。

> 我能干，得贴纸。
> 一而十，换奖品。
> 十而百，拿大奖。
> 比一比，谁进步。

三、对教师的规范

（一）课前

1. 在进行前置性小研究设计时，要突显"先做后学，先学后教，少教多学，以学定教"的方法。

2. 小研究要准确、简单、开放。准确是指研究内容要依托教材。简单是指小研究设定的门槛要低一些，让所有学生都可以踏进去，一定要做到"下要保底"。对学有余力的学生，"上不封顶"。开放是指让学生既研究学科知识，但又不拘泥于学科知识，而是能把自己的所思所想、生活感悟等都写进去。

（二）课中

1. 以生为本，高度尊重学生，保护学生的学习天性，激发学生的学习潜能，善于发现学生的闪光点。课堂用语以表扬、激励性语言为主。比如语文课老师不动声色的激励：

> 语文课，真有趣，童话故事一箩筐。
> 古诗韵文我会背，日记周记任我写。
> 一年三百六十天，课外阅读天天有。
> 古今中外慢慢读，知识见识日日长。

如果学生有不当之处，也当以宽容为主，尤其要尊重学生独特的感受。比如小学课堂常见现象讲私话，老师可以编顺口溜告诉学生：

讲私话，分了心。

小动作，散了神。

老师言，听不清。

学不到，真伤心！

当课堂开始出现失控状态时，可以让学生接背古诗、名言等方式不动声色地进行调整。

2. 以生为本，全面依靠学生。在课堂上，教师是旁观者，是唤醒者，是激励者，是鼓号手，是组织者，是协调员。

3. 践行"先学后教，先做后学，少教多学，以学定教"的方法。教一定要皈依学，要将教学的起点放在学上。高度重视各学习小组对前置性小研究的讲解、展示、汇报。

4. 践行自主、合作、探究的小组学习方法，努力营造个人、小组、班级这三条学习链。

5. 努力营造尊重、宽松、民主、积极、欢乐的课堂氛围，重视课堂的动态生成性，追求人人思考、人人参与、人人展示、人人进步的课堂。

（三）课后

1. 每堂课课后都要进行反思。语文着重反思"推进阅读了吗？"数学着重反思"思维碰撞了吗？"英语着重反思"形成活动了吗？"最后，形成文字写入教案，为后续的评研活动积累素材。

2. 结合课堂表现，对前置性小研究进行整改，利于今后的教学。

（广州市天河区骏景小学　王清华）

七、课程

（一）生本课程策略和操作理念

看骏景小学的发展之路，至少在下面这些层面是根基深厚并独具特色的。这里我从老师和学生两个层面来谈。

1. 看我们的老师在生本教育背景下的钻研

（1）通过这些年的生本实践，骏景小学老师的教育观念是领航的。老师们都做到了扎根于心的以生为本，真正落实了把"教"变成"学"，更优秀的已经知道如何把"学"变成"玩"了。学校在课改之初（2003—2010年），使用生本教材，在这一轮生本教材的使用过程中，老师们普遍强化了"教材是引子"，如何创造性地使用教材，牢固树立了一篇带多篇，一本带多本的思想。同时，牢固地树立了活用教材、整合教材与延伸教材的意识，乃至于后来广东省统一要求用人民教育出版社出版的教材的时候，人教版教材虽然有很多拐杖，我们老师依然能很好地去创造性地使用它。至今还想起李秋苗老师上三年级的园地，人教版园地最后的内容是展示台，希望学生展示环保方面的内容。老师很用心，引导学生看许多关于环保主题的内容，接受了大量的这方面信息方产生不吐不快的感觉。所以，孩子们展示的时候，其内容就丰富而又多样，不能只按表面的要求做，只有这样，才能真正落实新课标精神，真正落实教材只是蓝本，为师者要懂得创造性地运用教材，丰富教材内容，从而实现语文教学提高学生人文素养的目标。

（2）骏景小学老师坚定地走上了课程研究的道路。毫无疑问，课程是引领学校发展的，老师在这些年树立了课程研究的意识，也走上了课程研究的道路。并形成了创新生本教育课程体系，建构唤醒天性和潜能的特色生本教育课程文化。

首先，我们所有老师都意识到只有课程吸引学生，才能让学生享受学习带来的欢乐，同时，在课程实施时，已经真正从基于教科书的教与学走向基于课程资源的教与学。我们的课程既有思维的含量，智慧的含量，情感的含量，还有文化的含量，我校的课程目标非常清晰：生成新知、形成技能、培养情感、激发思想。

其次，我们老师善于整合课程、化繁为简。老师们抓住学科教学的根本，倡导学科四问：

一问语文，推进阅读了吗？二问数学，抓住根本了吗？三问英语和其他科目，形成活动了吗？在英语学科方面，我校以分级阅读为抓手，探索以"小剧"为载体，以"活动"贯穿始终的实践性英语课程体系。四问德育，学生的学习生活美好吗？学生学习生活的美好不是说出来的，而是有着学生喜欢的教育生态才能感受的，学生最喜欢的就是活动，因此，我们在实施德育课程时，努力把传统的说教德育变成活动德育。

郭思乐教授说："因为简单才能带来极致。"通过这些年的生本课程再造，我校教师的课程开发和再造能力得到了锻炼和发展，而这又是引领老师走向教育高地的必经之途。

2. 看我们的学生在生本教育的引领下成长

一所学校，一个理念，课改的红利首先受益的应该是孩子。骏景小学的学生是生本教育改革的最大的受益者，因为，本校的课程改革做得彻底，做得透彻，惠及每一个学生。

首先，我们学校的海量阅读让孩子普遍受益，用林海英作家的话说，我们的孩子是吃饭长大的，也是读书长大的。郭思乐教授反复强调，评价生本语文的金标准就是"阅读推进了吗？"在这个理念的指引下，我们学校的每个老师都重视在小学阶段大量推进阅读，我们的孩子普遍阅读量达到一千万字，这为孩子们的后续发展提供了优秀的养分，提供了后劲；我们的数学、英语、其他学科都会用力地让孩子接驳相关领域最适宜的最好的读物，阅读大大地开拓了孩子们的视野，当全国的其他专家开始奔走呼号强调阅读的时候，生本教育已在阅读的领域中走得很深了。郭思乐教授说，我们的阅读要海陆空三军齐发，我们不仅在课堂教学中推进得很成功，我们在"互联网+阅读"也做得非常好，在"互联网+阅读"推进中，我们也是"春江水暖鸭先知"啊。到现在为止，我们的孩子读透了整部《史记》，每周日晚上的网上交流已经蔚然成风，并成为孩子们的一个盼头，我想这一轮的《史记》阅读又给孩子们打下了扎实的文言文基础，真是弥足珍贵。

第二，我们的海量活动为孩子的各种素养打下了扎实的基础。郭思乐教授强调，课程要呈现活动特点，要还给孩子美好的学生生活。

第三，我们的孩子从小就学会了如何学习，这是最为重要的！学习是孩子的天性，人人都是学习者、创造者，人人都有巨大的潜力，教育就是要激发学生内在的学习潜能，让学习变成学生自主的要求和行动，让学生学会学习，享受学习，实现学习快乐、素质提升、成绩优异。学校要培养学生成为大方自信、自主探究、合作思辨的，具有"合群乐学，博观善思"的学风和健康人格的阳光少年，成为具有创新精神、实践能力的时代新人。为把学生培养成为具有中国灵魂和国际视野的世界公民而努力做好奠基。

2013届骏景小学张眼芳老师所带的班级在2016年广州市中考中，有四名学生的中考成绩成了全市关注的焦点，骏景小学的师生和家长们更是热血沸腾，大家在纷纷报告喜讯：2016年广州中考有四名770以上的高分学生来自骏景小学，简玥同学更是以784分获中考状元，而且这四个孩子均来自同一班级。这种现状，这个班的六年后的表现，已经成为骏景小学学生群体后发优势的缩影。

骏小多牛娃，生本出硕果！每年，骏景小学要接待全国各地的教育观摩考察团几千人次，骏小的合唱队获得国际金奖，骏小的舞蹈获得天河区金奖，骏小的体育总排在全区的前八位，骏小的国际象棋总是居全市的前列。是什么让一所新的学校风生水起——是骏景小学的课程改革之路带来了累累硕果。

总之，2016年中考呈现出来的高分孩子如此密集出现在一个社区小学的班级，这绝对不是偶然，这是骏景小学这些年坚定而又纯粹地做生本教育的必然结果，作为一个身在其中的老师，深深知道，骏景小学的这种教育，这种植根于师生深处的生本教育理念，带给学生的必将是更广阔的前景，必将迎来更为绚丽的教育春天。

（二）让课程成为学校工作的统领——对课程的再思考

课程是国家意志的体现，课程是教育工作的核心，是学校教育教学活动的依据，是学生成长成才的保障。我们知道学校课程从大的范畴分类包括国家课程、地方课程、校本课程。对于学校来说校本课程就是结合学校的传统和优势，学生的兴趣和需要，开放和选用的课程。作为校本课程要处理好课程与学校的办学理念和育人目标的关系，处理好校本课程与国家课程和地方课程的关系，要充分尊重学校的需求以及教师和社区的资源，注重课程目标层次、内容系统、管理评价等方面。基于以上的认识，我们现在的学校课程存在着不少的误区：一是把综合实践活动放到教室里上，以教师的统一课题让全校一起上，把课程当作活动来上，急于追求一些课程整合的时髦项目，让教师疲于应付，没有实效，为做课程而做课程。为此，对于学校来说，我们应该从关注学校的育人目标，关注核心素养来进行课程设计。特别是基于学校的办学远景和培养学生的目标来进行课程设计，特别是校本课程的设计，不是盲目地随意开设课程。要站在学生的视角、儿童的特点和需要，站在孩子的天性、本性和需求上思考课程。让课程成为学校工作的统领。反思我们学校正在做的家长讲坛活动课程，对我的启发就是：这一课程的实施近一年来，就是依据学校的社区和家长资源来为学生开阔眼界，了解社会，跟上时代的最新发展对学生进行的一项非常有价值的课程，以此课程来实现学校的办学目标之一——培养学生有宽广的视野。2016年的做法，实际上把它做成了一项活动，如果从课程的角度，还值得我们认真思考。要从课程前、课程中和课程后全面考虑实施。比如，每一周确定的课程提前让相关班级的学生根据我们生本课堂的做法，先进行前置性小研究，让学生带着问题和知识走进课堂，课堂中要有互动，课后要有跟进和实践或书面的评价。坚持每一周的安排和衔接，课程才有生命力和实效性。要让课程超越单纯的讲知识、做活动的形式和内容，要指向育人的教学目标，指向个性化、多样化的教育。把这一课程长期做好，还值得我们认真思考和规范建设，以此为基础，来实践学校的办学理念：以学生为本，为生命奠基。

课程应该成为学校的名片，应成为学生乐于参与的活动。我们只有按照课程的规范和个性做好，才能讲好我们自己的课程故事。

（三）从一所学校的课程联想到骏景小学的生命奠基课程

2016年9月13日，《中国学生发展核心素养》正式发布，人文底蕴、科学精神、学会学习、健康生活、责任担当、实践创新六大维度迅速席卷每一所学校、每一位校长老师的神经，推动学校变革沿着"人的全面发展"这一清晰无误的目标有了更加具体的建构方向。作为一套经过系统设计的育人目标框架，将从多个途径引导课程设计、教学实践、教育评价等各教育环节的变革。

核心素养的提出，着眼于人们对教育本质的认识和对育人目标的明晰。核心素养将为学生、教师、学校带来哪些变化？如何确立以学生素养发展为指向的跨学科整体育人观念？如何开展基于学生发展核心素养的教育教学？……带着这些问题，笔者作为广州卓越校长培训班学员，有机会到一所学校跟岗学习了四季课程——通过北方四季分明的特点，以学生的身心发展为依据，提出了春季的律动健身，夏天的读书实践，秋季的科技创意，冬季的传统文化。通过具体的行动把每一季的课程落实到具体的年级，针对不同的内容，还开设了四季节日课程、四季国医课程，从课程到学程，再到学时的一系列改革配套，形成了这所学校独特的课程体系，也取得了比较好的效果。

四季课程启发了我，也让我思考，我们的课程应该如何走，必须以学校的办学理念为依据——以学生为本，为生命奠基。我们的课程设计要为学生的发展、生命的精彩奠基。因此，我们应该按照《中国学生发展的核心素养》为导向，提出为学生的"生命奠基课程"。如是，我初步思考，把学校现有的课程重新整合，把学校提出的核心素养的三大方面（道德、能力、情意）的课程的主目标再划分为六个二级课程目标：道德课程培养（人文底蕴、责任担当）；能力课程培养（科学精神、实践创新）；情意课程培养（健康生活、学会学习）。这样就形成了学校的生命奠基课程体系。

这样的构架，从顶层设计上系统地把握了学校发展的脉络，为学校的课程发展提供了理念到方向的构想，这既符合学校的办学理念，也适应当今所提倡的核心素养的落实，这条路径应该代表了时代发展的方向，也代表了中国教育对学生素养的发展方向。

（四）走在回乡的路上——乐活食育课程的思考

古人说：民以食为天。今人讲：教以食育为先。这一说法来自北师大教育学院沈文教授的独家解读。我们校长重视的学校课程，很多重在学科课程，对于国学课程重视不够，有的重视处于偏颇。比如，食育课程在国外发达国家都从国家的高度进行设计，日本2005日本食育基本法要求在家庭和学校社区全面开展食育教育。但是，我们的学校没有真正从育人的角度考虑。在目前，我们国家的学校很少提出这一课程，但在古代的国学课程里很早就提出了。

因此，在今天的学校，面对今天的学生，从另一个角度来看待国学课程，我感受最深的就是我们的食育课程的观点。学校要站在立德树人的高度来看待食育课程。

①以食育课返生命之本。
②以修身课返教育之本。
③以文字课返经典之本。
④以家学返国学之本。

食育的理解：何谓"食育"？从儿童开始，大力发展儿童健康饮食教育简称食育。

教育的功能对于人类的发展十分关键。自孔夫子以来，对于青少年的教育一直是社会最关注的问题之一。近代，人们把教育的内容大体归纳为德育、智育、体育等几个方面，可是当前面对青少年成长，乃至全体人类的健康发展，人们开始思考另外一个重要的教育内容，那就是"食育"。"食育"不同于"营养教育"和"健康教育"，既不是枯燥的知识学习，也不是儿童饮食教育，是通过满足身心需要的愉快实践培养受教育者科学的饮食、生活习惯和完美人格，实现个体全面发展的过程。

从一个参赛小小科学家的选手到大学吃午餐吃不下食堂的菜的个案让我思考，他们以当科学家为梦想，但因为饭堂的饭不好吃就产生畏难情绪，怎么能成为国家有用的人才？

食育的定位：是德育、智育、美育的基础。没有食育的德智体美就是竹篮打水一场空。

食育的实践：从一个教室开始建立食育系统。建设儿童食育工坊。形成教学的空间和动手的操作空间。

因此，食育课程的开始就是学校教育的奠基。为此，我也决定，我要亲自授课开设一门"食育"课程，从六年级即将毕业的同学开始，为他们走入中学开启新的饮食健康教育，为身体健康发展奠基。

八、体育

体育是什么？

2016年12月26日，这是我们应该熟记的一个重要日子，就是毛泽东诞辰123岁的纪念日。在这一天，我有机会听了北京师范大学体育与运动学院原院长毛振明教授的讲演，让我的心灵得到了一次洗礼。为什么我把这位体育专业的教授的报告叫讲演，因为他在冬天的北京，他一直穿一条裤子，而我们基本上穿了秋裤、毛裤加外裤三条裤子。他讲起话来激情满怀，年过60岁的他，腰板硬朗，站着讲了三个小时，所以让我印象深刻。

曾几何时，体育是我们最熟悉不过的词了，也是我们最为轻视的一门课程。这位老教授以伟人毛泽东对体育的身体力行，让我重新认识了什么是体育，什么是体育之美。伟人毛泽东青年时期就是体育学科育人的最好典范，他的第一篇论文就是关于体育的。他说："体育一道，配德育与智育，而德智皆寄于体。无体是无德智也。体者，载知识之车而寓道德之舍也。"毛主席对德与智与体的关系论述及体育促进人发展的论述对我们今天都有启发："体者，载知识之车而寓道德之舍也。善其身无过于体育。体育于吾人实占第一之位置。体强壮而后学问道德之进修勇而收效远。"他不仅只是口里说说，而且是身体力行。他70多岁还到长江游泳，在他的诗词里可以看到这种气势："才饮长沙水，又食武昌鱼，万里长江横渡，极目楚天舒""到中流击水，浪遏飞舟"。这种浪漫与现实的气韵让我们感受到他身体和思想的融合。

今天，我们的学生的体质，让我们痛心疾首。有几个数据我们必须面对：我们中国的中小学生的体质连续30多年下降；体育课程的全国开课率不到20%；这还不包括我们学生的近视率居高不下，我们的儿童的肥胖现象愈来愈多。物质生活条件好了，身体素质下降了；身体长高长胖了，身心素质和身体耐力降低了。从一副大卫雕像的对比画，原画是一个男人健美的象征，现在的大腹便便的"大卫"却是我们现实生活中的真实写照。现代人的活动力是50年前人活动的一半。

我们再看看与我们一水之隔的日本小学生，甚至是育儿院的小朋友，大冬天穿着短袖短裤，有意识地磨练身体。在一次中日学生的对抗演练中，我们的劣势一目了然。

所以，体育对我们意味着什么？是力量？是武器？是国防？是健康？是荣誉？是国运？是文化？是生活？是生存？

不用说，再也不用论证，这个问号就是一个感叹号！

所以，在我们学校孩子高呼以学生为本的时候，我们更要进一步高呼以学生的发展和成长为本，为学生的生命奠基。后句是我们的办学理念。但是，光喊是不够的，要落实到我们的行动中，落实到我们的课程上。

世界最好的私学——伊顿公学，它的体育课之多让人不可想象。

在伊顿，学生要上8门左右的必修体育课，还有27门体育课可供选修。Football（足球）、Rugby（英式橄榄球）、Wall Game（壁球）、Field Game（野地足球）等。这就是它造就了 20 多位总统和其他著名人才的内因所在。可喜的是，在党的十八届三中全会上，明确提出了关于体育的 23 个字："强化体育课和体育锻炼，促进学生身心健康和强健体魄"。在国家的全会报告中，重点阐述体育，其重要性可想而知。我们的学校体育、全面体育、国民健康，这是一个国家发展的本钱，所以，我们国家提出了"全民健身计划"。特别是学校，我们要培养国家的建设者和接班人，我们现在培养的学生，就是到 2049 年（新中国成立一百年）的接班人，接班人的体质和素养决定我们国家的未来。体育可以有效地促进学生的心理健康；体育可以增知识、调感情、陶情操；体育运动可以塑造更聪明的大脑；体育是人生最好的学校。

"以学生为本，为生命奠基"，这是笔者所在学校的办学理念。我们反思：我们的教师要成为体育技能的精通者，让我们的家长成为孩子身心健康的呵护者，让我们的学校成为孩子磨练意志、敢于运动、吃苦耐劳的培训者，家、校、社会一起行动起来，让孩子多点吃苦，多点耐寒，让孩子到大自然的环境中去锻炼，让孩子到运动场上去奔跑，让孩子到风雨中去沐浴……这样的一代才是我们国家、家庭和社会需要的人才。有志者，事竟成！

九、信息

AR 技术的现实加强应用让我大开眼界

最近经常接到一些陌生教育技术人员的电话，大部分是教育软件的推广，所谓的智能课室、智慧校园等等，还真搞得人眼花缭乱。回到我们现在的课堂，与目前信息化、网络化的现实相比，我们学校真正融于当前现代网络和相关前沿技术的应用远远落后于其他行业和部门。除了计算机和校园网进入了校园以外，最多的是 PPT 制作的小课件在课堂上搞得热闹，从人灌变成了机灌，缺少互动和交互，没有真正激发学生的思维和想象，也没有提高学生参与的水平。

有机会看到的增强现实技术的应用让我耳目一新。这种虚拟技术的应用具有交互性、沉浸性和想象性的特性，如果在我们各个学科的课堂中加以有效应用，可以很大程度地带来有些学科教学手段和方式的革命。特别是在科学实验方面，它可造福欠发达地方的教育，为其助一臂之力。没有实验室，没有设备没有关系，通过 3D 虚拟现实的校园实验室，它以虚拟的环境让人如临其境。可以把真实的物体和虚拟的环境融为一体达到交互的目的，达到和做真实实践一样的效果。这种增强现实技术提供了新的探索空间，对我们来说值得思考。如何在其中创建教学活动？学习者之间如何更直接地交流，如何与智能技术融合？

如何与移动技术结合？我们能做什么？这正是让我们自由想象的空间。如果说技术让我们思想飞得更远，也让我们的胸怀更宽广，我们有大的格局，学校的发展就不会落后于时代，我们培养的学生才能面向21世纪。

十、科研

对课题中研究问题的选择——研究者的态度

学校的发展曾几何时有一个时髦的说法：叫"科研兴校"。科研本应该是大学的专项，现在连小学都要挤进来搞科研兴校。从自己的管理实践证明，科研在小学最多（或更直接说）的是课题，做得好，选择的专家有理论真的可以让学校某一方面兴旺发展起来。但如何选择课题中的研究问题，值得我们思考。

爱因斯坦曾说过：提出一个问题往往比解决一个问题更重要，因为解决一个问题也许仅是一个数学上或实验上的技能而已。而提出新的问题、新的可能性，从新的角度去看旧的问题，都需要有创造性的想象力，而且标志着科学的真正进步。

因此我们要把问题的提出作为课题研究的关键思考：

一是要识别问题的意义。问题是预设观点之间的反差及其所引起的困惑，但是要提出有价值的问题比解决问题更重要。在这里，我们要遵循提出问题的一些基本原则：提出有意义并能通过实证研究的问题，这一问题的背后有相关的理论相结合，研究这些问题的方法要明确。

在平时的工作实践中，我们要注意区别实践问题和认识问题，真假问题、理论预期与现实反差引起的问题，政策与实践反差引发的问题，不可研究的问题等等。

二是选题的步骤。采取聚焦法，首先选取研究主题，研究主题可以包含多个不同的研究问题，通过过滤聚焦到一个具体的问题上，明确研究问题。并且这一问题一定要借助专业需求来确认，不是为了装门面来搞一个没有实践价值的问题。

三是研究问题的来源。问题来源于平时工作中有意识的问题积累，也可从专业人员的反向交流中寻找可感悟到的问题线索。作为教师个体发现问题的策略，在于从教育教学的疑难中找到问题，从具体的教育教学实践的现场中捕捉问题，从阅读交流中发现问题，从学校或学科的发展中确定问题。研究问题一定要同相关的理论相联系。

四是研究问题的选择。如何选择问题，要从创造性、重要性、清晰性、可行性、合乎道德性等方面作为选择的思考方向。

总之，在选题的方面我们要把握几点，首先是我们做什么、要吆喝什么的现象不等于研究问题，通过分解概括来缩小问题的内容范围，要有好奇心，这就是研究者的态度。

十一、学校文化

（一）也谈对学校文化的价值印记的再认识

最近一段时间，大学教授们也都在谈论特色学校、学校文化，这一学校共性追求和实践的文化话题，对我启发很大。我们知道，自古至今文化都有不同的说法和理解。最早从《易经》上讲：文明以上，人文也。《博弈圣经》（曹国政）理解为：文化是思想意识、表现载体、固化印记。所以，通俗来讲，文化是物质中反映出来的思想印记。

作为校长，都在做学校文化，学校的各项活动、各项工作都在有形和无形地体现学校的文化。在这里，我想从文化作为学校价值印记这方面来谈点个人的理解和思考。

从学校文化来说，大家比较认同它的四个方面的分法：精神文化、制度文化、行为文化、物质文化。学校文化的价值载体表现在学校的环境（物质文化）、课堂、活动（行为文化），这些载体可能更加能感受到学校的文化印记，这些方面我们每个校长会自觉地认真思考和扎实推进。特别是物质文化，校长说有钱就好办，就能做好，事实上，也不是那么简单，学校的景观设计一定要体现学校的办学理念和价值取向。我这里要说的是，我们校长最容易忽视或不重视的是学校价值印记的几个方面：一是典型物化环境，要认真思考，这些物化的环境的立意、材质和内容等都要立足学校的历史，是否符合学校共同价值的追求。第二，典型的人，典型的人就是对学校有影响的教师、校友和学生，他们的成就会影响学校师生的文化取向和价值追求。第三，典型的故事，学校的发展总是留存着师生工作和学习感人的教育教学故事，挖掘这些故事，是对学校软实力的印记和体现。这些价值的印记我们可能没有注意到，或者根本不知道它在学校文化方面的价值。我们在学校文化的建设中，要有意识地经营这些价值印记的作用，通过提炼、加工和聚焦，使之成为学校价值的印记，使得学校文化成为一个自觉的过程，成为一个有意识行为的过程，这一过程承载着我们的点滴收获。

（二）国学经典教育的意义和价值在小学阶段的实施思考

国学经典是中国传统文化的一个重要方面。习总书记在每次的讲话中都会讲到传统文化的重要性。但对于小学阶段如何进行国学经典的教育，我们校长要有全面系统的认识。当前，全国小学都在不同程度地开展着经典文化教育，有的在执行一些行政要求，不自觉地执行；有的生搬硬套地强求学生进行背诵，以为经典教育就是背古文、背古诗。我认为，一个学校进行国学经典教育首先要明确其意义和价值，知道一些基本的分类和知识，因为在不同场合不同地域有不同的说法，习总书记一贯以传统文化来指向。有的学者将其称为国学经典，有的地区叫经典教育，民众中也有人把读经作为儿童主要的学习内容，如台湾地区。这些都是传统文化的一部分。因为中国的传统文化包括国学经典，还包括一些文化知识、游戏技艺等。

那么小学阶段该怎么做？我们要知道，学习国学经典不只是为了考试，也不是为了追潮流，它才是真正的素质教育。就像一棵树，它是滋养树木长成参天大树的土壤和肥料。从小学习国学经典就是为一个人的生命"养气"，把知识消化于生命里，转化为生命所具有的"德性"过程。明白了这些道理，我们做起事来才有方向、才有耐性和措施。

古今中外很多例子说明了：一个具有深厚国学经典教育的人不论是走入社会还是承担重任，都会在工作和生活中有大建树。比如我们熟知的梁启超五个子女，他们在小时候都经过了严格的传统经典文化的熏陶，成年后个个在各自的岗位上成才成功就是一个很好的例子。

这样的例子不计其数。可想而知，当初他们学习国学经典没有想到要去考大学，甚至也没有想到可以去谋生。如果一个人的学习太过于功利性，它的人生发展只会停留在功利的追求、物质的追求上。小学阶段不能有功利性的学习选择，要真正实施素质教育，国学经典就是不二选择。

因此，只有接受国学经典教育，才能使我们的后代掌握优雅、精致的祖国语言，成为一个既有知识又有文化的现代中国人。

只有接受国学经典教育，才能使我们的后代走进中华民族共有的精神家园，亲近、认同这个家园，并有能力参与到这个家园的建设过程之中。

只有接受国学经典教育，才能使我们的后代将自己从一个自然的生物学意义的中国人，变成一个自觉的文化意义上的中国人。

（三）与专家对话，让思想升华

传统文化的精华才是做人做事之本。中国五千年的文明历史，至今还熠熠生辉,说明了中华文化的魅力。从世界文明的发源地到文化流传至今的几个地区,唯有中华文化没有神学的影子。如,欧洲的基督教,中东的伊斯兰教,印度的佛教,中国儒家学院、道教。比较一下,只有中华文化的根基立足天地,教诲人类。儒家、道家教人做事做人的真谛,流传千古,至今还富有生命力。

中国文字的魅力更不用说,它是象形字,把人们的思想和活动融于字里行间。比如繁体字"愛",中间有个心字,有心才有爱。中华的《易经》,讲究的是阴阳刚柔,厚德载物。以"和"为贵。《弟子规》是一部教人做人做事的经典,曾子曰:"吾日三省吾身,为人谋而不忠乎?与朋友交而不信乎?传不习乎?"意思是,"我每天都经常地自我检讨三件事,为别人办事,是否不忠实?与朋友交往,是否不守信?学到的东西,是否没有经常地练习?"作为一个先知,曾子展示给我们的成功模式是人生应该具备"检讨"机制,而这种"检讨"的机制,不是一年一次、每月一次,而是一天多次。

其次是作为一个圣贤,曾子所注重的是三样东西:为别人办事,是否不忠实?与人交往是否不讲信用?学到的东西是否有练习?这些经典中的中华文化让我们一代一代中华民族的子孙受益匪浅,受用终身。

十二、环境文化

学校校园环境文化建设的超前思考

作为校长,我们都知道:学校文化包括制度文化、环境文化和精神文化等主要内容。环境文化是外显的,制度和精神文化是隐性文化。外显文化看得见,摸得着;内显文化看不见,但感觉得着。所以,学校必须注重学校环境这一外显文化的建设。在这一方面,我感觉,一些有着悠久历史的名校,其环境文化建设在今天应该是校长工作的一部分,如果在三十年前,有这样思考的校长还是不多。比如,我们参观过的一所历史名校的校长有着超前的思考和魄力,就像他所说的,当时的学校是一所破庙,是一层平房,但校长大胆推倒重新建设一栋地下一层停车场和地上两层教学楼的新的教学楼,特别是率先把操场打造成塑胶跑道,尽管没有资金,但他先做后还,通过媒体宣传吸引外来想到本校借读的学生,以此解决经费问题。这些超前的做法和想法在他后来任职的几所学校中都作为一个办学思想先行实施。由此感受如下。

1. 学校建设要志存高远,超前思考

结合自己所任职的学校,由于是一所小区配套小学,学校的占地面积有限,外显的环境是寸土寸金。所以,学校的环境建设要超前思考,精心打造。我们学校的特色是"生本教育",因此,在环境建设上要体现这一理念,所以,在学校空闲的几个地方和其他需要改造的地方,都要重新整体部署。如:"七星"文化雕塑可以借鉴到学校的绿化长廊带上;突出学生的主体,要带着学生的眼光和高度来设计学校的环境文化建设。

2. 学校办学条件的改善要立足未来,为学生的发展奠基

我们学校的办学理念是"以学生为本,为生命奠基"。学校的优质发展使得办学条件显得不足,特别是专用室的不足直接或间接影响学生的发展,影响课程的实施。

最近,学校正在同有关部门沟通,初步达成共识,准备在学校教学楼旁再建一栋裙楼,一楼架空,重做四层,如果建设完毕,学校会再增十六间课室。学校的发展要超前,必须先做好前期准备,比如,资源教室的建设、茶艺室的建设、阅览馆的建设、师生食堂的建设、电梯、地下停车场预留……新的学校场室的建设,是真正为学生和老师考虑的。

这些思考要变成现实需要今后进一步实践变成现实,那么学校的课程建设就有落地的根,有了根基,学校的发展才会有后劲,才可持续发展。

第五章 生本教育实践与探索

一、立在地上做生本

生本骏景　激扬生命
——骏景小学以"生本教育"特色申报广州市特色学校自评报告

前言：骏景小学地处广州市天河区人口最密集的大型社区骏景花园内，是一个人杰地灵的地方。学校紧靠广州金融城，南临珠江，北望广东奥体中心。地理位置优越。1995年以前，这里还是一片农田，1997年后，一个现代化的、近五万人口的大型时尚社区形成，近两年一路之隔的南边已有拔地而起的新广州金融城。可见，这里是广州改革开放的缩影。

2003年，我校作为刚开办一年的学校，在天河区教育局领导的支持下，学校以敢为人先，科研兴校的思想，积极投入到新课程改革试验区的改革实验中，确立了以生本教育推进学校的教育改革与创新的工作方针。经过近十五年的坚持不懈，执着追求，勇于探索，实践反思，骏景小学的生本教育特色彰显，成效显著。

以下我们将按照《广州市教育局关于以学校特色发展促进义务教育均衡发展工作的通知》（穗教基教〔2013〕73号）文件提出的特色主题化、文化物像化、课程结构化、项目个性化、校园诗意化的"五化"内容和有关指标，对我们十几年来创建特色学校的工作进行汇报，请予以审核。

（一）骏景小学的生本教育特色理论介绍

生本教育就是以学生为本，以生命为本的教育，提出"一切为了学生，高度尊重学生，全面依靠学生"的教育理念，将过去为教师好教而设计的教育转变为为学生好学而设计的教育，教学要从主要依靠教转为主要依靠学，教育要从控制生命转为激扬生命。一切为了学生是生本教育的价值观，学生是教育过程的终端，是教育的本体；高度尊重学生是伦理观，关键是从内部和外部了解学生，教学过程中，教师要尊重学生的独立见解，理解学生的思维火花。全面依靠学生是行为观，要认识到学生是教育教学活动的重要资源，学生将在某种教育生态环境中蓬勃发展，教师就是要艺术地调动学生的潜能，为学生主动发展和终身发展服务。

1. 生本教育特色形成的背景

2002年，我校开办之初，天河区教育局就提出了一流的环境、一流的师资、一流的质量的"三个一流"要求，而我们认为要办一所好学校就要走改革与创新的道路。2003年，刚组建的学校领导班子以敢为人先的勇气，带领学校走生本教育的道路，年轻充满朝气的教师队伍，以理性的激情投入到生本教育的行动研究，我们希望通过共同的努力，扭转应试教育带来的弊端，改变教师教得苦，学生学得累的教育现状，使教育回归本真，从而真正解放教师，解放学生，让教师有幸福的教育人生，还孩子快乐的学习生活。同时，国家基础教育改革呼唤教育走向生本；改革开放的前沿地位是生本教育在我校落地生根的背景环境。

2. 确立我校生本教育价值体系

我校的办学理念是：以学生为本，充分相信学生，高度尊重学生，全面依靠学生。我们认为教育的以人为本就是以学生为本，以学生的发展为本，以生命为本。我们坚信儿童是大自然的精美杰作，是人类亿万年发展的精华，拥有与生俱来、丰富强大的学习天性和发展框架。教育的基本动力来自生命，教育的资源来自生命，教育的核心过程发生在儿童生命活动之中。因此，作为教育者的使命，就是帮助儿童自己发展自己，要尽可能使学习变成发自学生内心的活动，使生命以其自然的方式产生新的学习机制，从而实现人格塑造与智慧生成。

（二）构建以生为本的学校特色文化（特色主题化）

在生本教育的办学理念的引领下，我们制订了明确的办学目标，以及一训三风等个性鲜明的价值体系。

1. 办学目标

学校发展定位：以人的发展为核心，推动学校全面发展，让学校成为学生学习成长的乐园，成为教师发展提高的沃土，让师生创造自己的学习教育生活，使学校成为个性鲜明、质量上乘、科学精神和人文精神并重、学生喜欢、家长满意、社会认可的、可持续发展的生本教育实践品牌学校。

学生培养目标：把学生培养成为身心健康、体魄健壮，有良好的道德品质和心理素质；热爱生命，爱国爱家，有良好的沟通能力和高尚情趣；主动积极，独立思考，勇于创新与实践，具有中国情怀与国际视野的世界公民，并为此努力做好奠基。

2. 一训三风

①校训：善·慧。

善，从"羊"从"言"，与膳相通，字面意思为竞言羊为美味。古籍中"善"语词的用法虽然多种多样，但它们无不指向"美好生活"。有利于或有助于人们过美好生活的事物、品质、行为、技能、关系和趋势等等，均被视为善的事物。教育连接生活、指向未来。教育的本质在于唤醒、启迪，让儿童浸润在善与美的学习生活之中，使其天性的纯真与大自然、与人类的真善美相交融；使美的德与美的道，更多地进入生命的层次，成为其生命的本质与追求，一善染心，千里通明。

慧，即智慧，明白一切事相叫智，了解一切事理叫慧，俗谛曰智，真谛曰慧。慧用心字底，说明慧是一种精神，一种状态。富有智慧之人，能将自己与其他所有的存在物区分开来，满怀信心地认识自己，去发现、唤醒、开发自己内心无比强大、无限埋藏的潜力，然后用这样的潜能面向自己的未来，向人生的目标轰轰烈烈前行，成就一个卓越的自我。

教育，植人以善慧之根。依托生命自然，迎来教育生态的草木滋荣，生生不息。

②校风：仁爱进取，知行合一。

"仁爱"，语出《论语》。基本要义有二：一为爱人，另一为与人相处之道：友善亲和，和谐共生。没有爱就没有教育，仁爱之于师，则师生共长、水乳交融。我们坚信，教育中只要有了人，教育的最大价值就能呈现。营造相互信任、相互尊重、相互欣赏、相互依靠的校园文化，鼓励儿童热爱自由、追求平等、崇尚博爱，使之满载着理想与追求去积极进取、日有所进。

"知之真切笃实处即是行，行之明觉精察处即是知"，学习不仅在能知，贵在能行。依托生命与生俱来的天性和潜能，追求知行合一、学以致用。将书本知识与生活实践、健康人格与美好个性紧密相连，鼓励学生大胆思考、勇于探索、敢于创新，以期实现儿童的自由全面可持续性发展。

③教风：谦逊求真，博学卓越。

谦逊求真，即虚怀若谷，探寻真知，为学纯正，求做真人；博学卓越是指学识渊博，兼收并蓄，师艺高超，师德深厚。也就是说一个彻底的生本教师，应该永远是一个学习者，一个思考者，一个实践者，一个敬畏生命的人道主义者。

④学风：合群乐学，博观善思。

在自由开放的学习环境下成长的孩子，他们合群乐学：积极主动，善于合作，兴趣广泛，身心康健；他们博观善思：博学多识，善于质疑，独立慎行，创新思维。

(三) 内化生本思想，营造生本文化生态

在生本理念的引领下，我校的一草一木、一字一话无不体现生本的特色，处处都凸显生本内涵；以学生发展为本是骏景小学全体教师的追求，我们也有意识地创设一种有内涵、有思想、重生本的校园环境。各处墙报的布置也能体现学校"一切为了学生，高度尊重学生，全面依靠学生"的办学理念，墙报上到处是充满学生稚气，但非常生动、非常有艺术潜质的学生作品；操场就像海洋的一角，四周有许多不同形状的海螺，绿色的塑胶跑道和蓝色的球场就像起伏的海水，周围的树木和草就像海藻……每天，孩子们就像鱼儿一样在宽阔的海洋中自由活动。

1. 校徽

徽图上方为蓝色，象征蔚蓝广阔的天空；下方为绿色，意指广袤无垠的绿地。徽图中间是"骏景"拼音首写字母 J 的变形，即一个奔跑中的人形图案，寓意在"生本"的沃土上生命状态自由自在，无牵无绊，个性得以舒展，生命得以激扬，每个孩童以健康积极的姿态拥抱蓝天绿野，人与自然合二为一。

整个徽标构图简洁明朗，蕴意丰富，诠释了我校"以生为本"的办学思想与和谐宽松的育人文化。（见下图）

2. 校歌

骏景小学校歌取题为《我们美丽的骏景小学》，用通俗明了的语言体现出骏景师生对于母校的深厚感情。骏景小学用自己的典雅与博爱感染和滋养了一批又一批的骏景学子，使他们健康快乐成长！（校歌见下图）

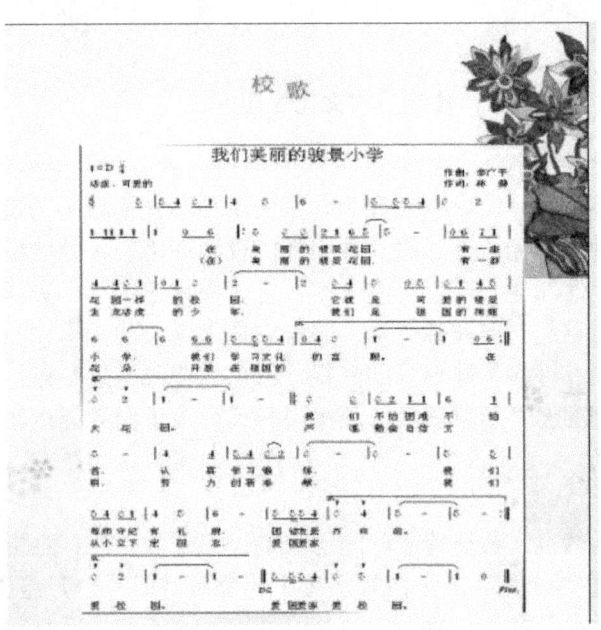

3. 校色

学校的主色调是绿、蓝、白,与校徽的三色相呼应。校舍呈环形设计(见下左图),站在教室前面的走廊上,大半个校园尽收眼底。四壁上满眼的嫩芽绿映入眼帘,无限春意荡漾在心中,你仿佛听见春芽抽叶的窸窣声,并置身于芳香四溢的春草园里。这满目的绿色被走廊边上乳白色的柱子和廊沿分割成若干个大小相仿的方块,避免了单一色彩的蔓延和泛滥。两者之间既分明又巧妙地融合在一起。简洁时尚,宁静柔和中蕴含蓬勃生机,有如清新娇嫩的白玉兰花朵。

4. 校花

白兰花(见上右图)。高大茁壮的树干,洁白芬芳的花朵,民间流行在节庆吉日时，人们会以白兰花相馈赠，是表达爱意的使者。花色与校徽中的颜色相契合，代表着骏景学子文雅高洁、善慧双修的精神风貌。

5. 校服

以白色为主，加上蓝色图案，凸显平和、清丽和雅致，代表骏景学子的活泼清丽，雅致脱俗。

6. 校园

学校的校园处处凸显"以生为本"，不管是科组的墙报还是年级的墙报，乃至班级的墙报，所有的橱窗都以学生成长、学生的作品为主体，很少空洞的说教。从这些看出了孩子们在学校的生活就是如歌的岁月，作品彰显学生的个性，突显了孩子在生本理念下对真善美的追求，深受孩子们的喜欢。有生本骏景，仁行天下的德育专栏；有生本骏景，幸福的乐园的少先队专栏；有生本骏景，发展人人，人人发展的体育专题；有生本英语，人人参与的英语专栏；有以生为本，推进经典的语文专栏；有生本数学，抓住根本的数学专栏等，所有的橱窗都凸显了生本教育植入我校文化建设的血液里。

进入校园大门，一座以石、花、树设计的校园一景映入眼帘（见上图），石头上雕刻的"生本骏景，激扬生命"熠熠生辉。学校的校园色为蓝色、白色，处处洋溢出生命勃勃生长的气息，校园无处不诗意。

（四）学校物质文化环境

学校以生本理念着力建设"生本、高雅"的校园环境文化，尽量减少说教式的教育方式，代之以重视师生的内心感受，与师生心灵相契合的环境文化，激发内心向真向善向美的天性。我们抛却布局庞杂、色彩斑驳的喧嚣，追求返璞归真、简单明快与柔和的视觉感受，借助校园绿化的设计、墙面、长廊、板报等的布置，使校园充满浓郁的生命气息。

艺术长廊：在学校主入口处，即风雨操场的各大柱面，精心布置了艺术长廊。内容上将祖国乃至世界美丽、壮观的人文景观，人与自然融为一体的和谐画面以画面艺术形式呈现出来，如艾菲尔铁塔、万里长城、最大的鸵鸟、最长的亚马逊河、最美的非洲草原等，使学生从这些美丽的画面，感受到祖国、世界、大自然之美，从而激发学生们从认识祖国、认识世界、认识大自然上升到热爱祖国、热爱自然、热爱世界的崇高精神境界；风雨操场西面的墙壁上，曾经是一幅世界地图，现在，它被一幅大型的"异想天开园"涂鸦墙所代替，孩子们用自己的双手描绘自己独特的感悟、七彩的人生、缤纷的世界。

课室：抛却整齐划一、按部就班，这里追求个性的舒展、创意的升华。课室是学校的单元，更是孩子们的领地。课室的布置，学校提出导向性的建议，如何演绎全凭班主任和孩子们尽情挥洒自己的创意。不管是目标、规范、宣言，还是喜爱的形象、花纹、图案，都是他们个性的外在表现，是他们精神生命的一个部分。在这里，我们不需要强求他们怎么做，因为，这是他们自己的家园，他们是自己的主人。

通道：在每条楼梯和重要的通道的墙报上到处是充满学生稚气，但非常生动、非常有艺术潜质的学生作品。一幅幅精美的图画，就像一首首优美的现代小诗，表达着人生、读书、环保等多个主题，让人赏心悦目，怡情养性。

运动场：抛却单刀直入、先声夺人的宣教，追求春风化雨、润物无声的感悟与意会。操场就像海洋的一角，四周有许多不同形状的海螺雕塑，绿色的塑胶跑道和蓝色的球场就像起伏的海水，周围的树木和草就像海藻。每天，孩子们就像鱼儿一样在宽阔的海洋中自由活动。寓意着鱼儿离不开水，孩子离不开运动。

活泼中不乏宁静，统一中彰显个性，抽象与具象之间，含蓄却毫不含糊，清新俊逸，意味深远，这就是我们美丽的骏景小学。

（五）创新生本教育课程体系，建构唤醒天性和潜能的特色生本教育课程

运动场

操场角落的雕塑

1. 生本教育的课程目标与原则

（1）课程目标。

为让课程创新既有思维的含量、智慧的含量、情感的含量，还有文化的含量，我们设定了我校的课程目标：生成新知、形成技能、培养情感、激发思想。

学校的课程设置解决的是用什么方式培养人的问题。我校坚持"小立课程，大作功夫"的生本教育课程观，主张把核心性的学习还给学生，在学习的核心处即在学生的思想发生处、知识形成处、能力成长处、情感涵育处做文章，我们深信教育中只要有了人，教育的最大价值才能体现。因此在课程建设上树立两点意识：一是只有课程吸引学生，才能让学生享受学习带来的欢乐；二是要引导教师和学生真正从基于教科书的教与学走向基于课程资源的教与学。

（2）课程原则。

我们坚持课程三化原则。一是课程本质化。为避免课程走入繁、难、偏、杂的窠臼，需对现有课程进行本质化的改造，即整合课程、化繁为简。强调抓住学科教学的根本，如语文课程的根本在于推进大阅读；数学课程的根本不在题海，而在于学生思维方式和思维习惯；而英语和其他学科的根本在于形成活动。倡导学科三问：语文推进阅读了吗？数学抓住根本了吗？英语和其他学科形成活动了吗？让课程虽简单却承载丰富。二是课程活动化。人的回归是教育改革的真正条件，我们努力把教转化为学，把学转化为活动，让学生成为学习的主人。让学生在自主的整体的活动中，促进思想，增长智慧。三是课程综合化。打破学科之间的森严壁垒，让课程回归学生的生活和经验；学习也不局限于课堂，把自然、社会、自我作为课程资源开发的基本来源，生活处处皆学习。

2. 以学生美好学习生活为基础的生本德育课程体系

德育的基础在于儿童美好的学习生活。我校坚持"以学养德，育德无痕"的德育理念，充分认识到学生不是被告诉、被管教的对象，而是有着强烈学习本能的生命；德育不是靠教，而是依靠学生个体的体验和感悟，使每位学生在良好的学习生活中成长。

德育目标课程化。每月一个教育点，每学年，我们均开展丰富多彩、行之有效的主题活动，做到月月有重点，周周有活动。如科技活动月、读书月、环保月、感恩月等集教育性、趣味性、时代性、实践性为一体的活动，每学期的教育点组成行为规范系列。

一专多能体艺课程。开设第二课堂，我校从学生的个人兴趣和意愿出发，开设了舞蹈、合唱、插花、剪纸、画画等50多个兴趣特长班，涵盖了学科素养、体艺专长、信息技术、科学探索等方面的内容。如现在班班有合唱队，人人会国际象棋，人人会竖笛，人人有一手好书法，跳绳与篮球是必备的体育技能，培养了学生多方面兴趣，提高了学生的综合素养。

附：2015学年第一学期兴趣小组活动安排表（表1）。

表1 2015学年第一学期兴趣小组活动安排表

年级	项目	负责教师	上课地点	学生人数	备注
一	合唱队	吴红英、李晓文	音乐室	—	
一	竖笛乐队	罗婷、王雪贞	电教室	限30人	
一	国际象棋	郑海薇	棋室	限30人	
一	田径队	钟燕辉及体育科组共5人	大操场	限30人	
	篮球队		篮球场	限30人	
一	鼓号队	黎方、王莉菡	游乐场	—	
五年级	电脑小报	黄锦鹏	电脑室	30人，5人/班	—
三年级	快乐阅读	李海燕、梁钰铧	三(3)班	30人，5人/班	
三年级	经典电影欣赏	肖灿灿、吴妹娴	三(2)班	30人，5人/班	
四年级	爱国电影欣赏	许波、陈华勤	四(3)班	30人，6人/班	
四年级	数学兴趣阅读	朱丽琼、袁方	四(5)班	30人，6人/班	
四年级	经典阅读欣赏	李秋苗、钟华	四(2)班	30人，6人/班	
五年级	课外阅读	王玉芹、幸莉	五(3)班	30人，6人/班	
五年级	快乐阅读	李素云、王清华	五(4)班	30人，6人/班	
三、四年级	《创意涂色班》	李晓华、黄秦	三(6)班	30人，3人/班	
三、四年级	阅读和欣赏	李四花、陈毅苹	三(4)班	30人，3人/班	
三、四年级	课外阅读	庄秀娜、缪娟	三(1)班	30人，3人/班	
三、四年级	漫画阅读	梁湛、许敏妮	三(5)班	30人，3人/班	
四、五年级	硬笔书法	吴双法、苏建敏	五(1)班	30人，3人/班	
四、五年级	绕口令	石庆梅、张眼芳	五(1)班	30人，3人/班	
四、五年级	走进科学	张婵琼、方丽丽	一(1)班	30人，3人/班	
四、五年级	英语绘本阅读	张瑜、曾丽丽	四(4)班	30人，3人/班	
三至五年级	快乐大家唱	钟柳珊、黄转红	五(5)班	限30人	
三至五年级	羽毛球	黄智彪、唐小舟	羽毛球场	限20人	
三、四年级	踢毽子	李雪梅、梁新瑜	小花园	限20人	—

续表1

年级	项目	负责教师	上课地点	学生人数	备注
五年级	踢毽子	麦颖秀、何小平	校门口	限20人	—
三至五年级	乒乓球	钟满群	风雨操场	限20人	—
三至五年级	创意美术	田蜜、甘红英	五（2）班	30人，2人/班	—
三年级	陶笛	刘迅	一（3）班	—	学员需自行购买陶笛。6孔约120元。
三至五年级	西洋管乐	粤声教育咨询有限公司裴崇武	一（4）班	—	需选拔及自行购买乐器。
三、四年级	舞蹈队（选拔）	—	音乐室	—	—
二年级	舞蹈队（选拔）	—	舞蹈室	—	另行安排
一年级	国际象棋	教练、各班主任	各班课室	—	另行安排

校园节日活动课程：开展体育节、艺术节、读书节、科技节、世界文化节以及传统民俗文化节等一系列校园传统节日活动。利用六一艺术节，举办美食广场、广场音乐、手工制作等活动，利用元旦举办合唱比赛、舞蹈展示、乐器比拼、书画展览等活动，心有所感，智有所启，情有所思。又如利用读书节为各班搭建平台，吟经诵典；充分利用中华民俗节日如元宵、清明、端午和中秋等，开展一系列关于节日来历、文化习俗等的宣传和研究，让学生亲身参与丰富多彩的实践活动，领略中国传统文化的魅力，使中华文化的精髓和影响扎根孩子的心灵。

少先队成长系列课程：丰富多彩的小社团。学校鼓励各班学生根据自己的兴趣特长组建各种小社团五十多个，涵盖读书会、小乐团、环保队、文学社、杨林快报等内容丰富、形式多样的特色活动，学生在多姿多彩的活动中自由地发展，快乐地成长。全校开展特色班级、特色中队创建活动，各种学习活动、亲子活动、主题活动等形成常态；学校为班级特色活动印发小册子，并利用每周国旗下讲话、一周新闻播报宣传班级特色活动。最终实现学生人人参与，人人成功，人人发展。

在生本教育中，学生智慧的生成和人格的建树，都是通过儿童的内化去实现的,因此,我们的德育工作重点在于减少规定性,扩大选择性,让学生自主选择、自主体验,在美好的学习生活中自己成就与发展良好的自我。

附:2006—2014年骏景小学小社团分类统计表(表2)。

表2 2006—2014年骏景小学小社团分类统计表

阅 读 类		
序号	成立时间	社团名称
1	2006年9月	三国研究会
2	2006年9月	探索之友
3	2008年2月	嫩芽文学社
4	2008年3月	喜洋洋读书会
5	2008年3月	小桔灯读书会
6	2008年5月	"精灵豆"读书会
7	2008年5月	悦读悦美读书会
8	2008年9月	快乐小荷读书会
9	2008年9月	天使读书会
10	2008年10月	百川社团
11	2008年12月	快乐鸟读书会
12	2008年12月	六3论坛
13	2009年7月	铿锵三人行读书会
14	2009年9月	快乐七彩读书会
15	2009年9月	读书小虎队
16	2009年9月	满天星读书会
17	2010年	快车时报
18	2011年	美丽多、可爱多、快乐多、聪明多社团
19	2012年	小太阳阅读社
20	2013年	12号小剧场
21	2013年	阅读小社团(六5班)
22	2013年	开心读书会
23	2013年	米兰文学社
24	2013年	集书会
25	2013年11月	绿光时报
26	2014年3月	小博士阅读社

续表2

序号	成立时间	社团名称
27	2014年3月	英超乐加乐

环 保 类

序号	成立时间	社团名称
1	2005年7月	种植小社团
2	2005年9月	绿使者社团
3	2006年6月	绿天使社团
4	2013年	QQ农场
5	2013年	二四种植社团
6	2013年	鸟社
7	2013年	开心农场
8	2014年	三四实验菜地种植社
9	2014年10月	橄榄绿小社团
10	2014年10月	五2英语小社团
11	2014年9月	小小读书郎

艺 术、体 育 类

序号	成立时间	社团名称
1	2007年12月	风儿乐队
2	2008年3月	爱乐艺术社
3	2008年	七彩阳光艺术社
4	2009年2月	武术读书会
5	2009年2月	彩虹羽毛球社
6	2009年3月	五朵金花艺术社
7	2009年10月	Music rabbit 音乐兔子
8	2013年	二三足球社
9	2013年	美术社
10	2014年3月	飞羽精英社
11	2014年3月	舞蹈精灵社

续表2

序号	成立时间	社团名称
12	2014年9月	茶社
13	2014年10月	国际象棋社团
14	2014年10月	五2篮球社团
15	2014年10月	五2舞蹈小社团
16	2014年10月	五2羽毛球小社团
17	2014年10月	五2足球小社团

科 普 类

序号	成立时间	社团名称
1	2012年10月	自然课堂
2	2013年	科学实验小社团
3	2013年	剪纸小社团

其他、综合类

序号	成立时间	社团名称
1	2007年9月	"红十字"小社团
2	2010年4月	爱心小社团
3	2013年3月	学雷锋小社团
4	2014年1月	集书会
5	2014年1月	一三第一组小社团
6	2014年1月	一三第三组小社团
7	2014年1月	快乐宝贝
8	2014年9月	我是料理之王

（六）生本理念有机渗透到国家课程体系中，形成了独具个性的生本教育课堂教学模式（项目个性化）

生本教育课程建设重视学科课程的整合和整个课程的整合，这种整合不是简单地做加法，即原有课程不动，只增加一点课外活动的校本课程，而是做乘法，即进行本质改变的课程整合，使基础课程本身就有活动性和研究性，通过活动和研究，把各部分课程整合在一起，使学生可以自主地学。这带来课程文化的创新：

创新课程内容，丰富学习资源。课程资源的深度和广度突破教科书的内容制约，就能大大拓展学习范围。

创新课程形式，增加学习趣味。突破课堂"教师→学生"的单一教学模式，在形式上追求更多交互，不仅有师生、生生，还有个体与小组、小组与全班等，更加强调群体性、合作性；不仅仅是单一的资源传输，还有学生个人自主学习、小组合作学习、社团组队学习。学习中实现课程教学模式的多层次交互，致使学习趣味性增加。

创新课程空间，激发学习热情。突破"课堂—教材—教师"呆板的空间制约，将研究延伸到课后、课外、社区甚至网络。空间的开放带来了课程资源的丰富多彩，让课堂充满生命力，提高了学生的学习动力。

1. 以推进阅读为中心的大语文实践课程

找准语文课程与教学的根本，促进人的自主学习、形成富有个性的文化底蕴，最有效的途径就是阅读素养的提升。我校生本语文是以大阅读为中心，转变碎片化的语文分析教学为以语文实践为本体的真正语文，开辟了语文教学的康庄大道。

"读"占鳌头的大阅读推进。一年级，我们以生本教材为主，辅之以大量的绘本读物，开展"意义识字，推进阅读，全面提高"，一心一意奔识字，一学年下来，学生基本认识了近两千个生字，具备了初步的读的能力。二年级到六年级，以人教版教材为载体，进行以读引读、以读引说、以读引写、以读引研，以一篇带几十篇、以一个故事带入几十本专著的方式，使人类优秀文化经典进入孩子的视野和生活。同时，将语文课变成阅读推进课。相信语言的学习不是仅凭教师的"苦心调教"反复把玩少数几篇文章所能根本奏效的。因此，我们以主题阅读推进的方式，将课外阅读引进课堂，通过搜集整理，将自己的阅读见闻、生活经验、思想感悟、想象创造等带进课堂，引导学生去跋涉课堂之外的万水千山，去观赏课本之外的万紫千红，使读书成为他们的内在需要和生活自然的习惯。

满足生命需求的大语文实践。通过课程整合和教材重构，腾出许多时间，让孩子们进行丰富多彩的语文实践，如时事评论、故事演讲、主题辩论，又或者是读写结合的诗歌创作、小说对联、阅读笔记、快乐练笔等，培养学生每天保持至少一个小时的阅读成习惯，让孩子们知道阅读不是为了考试，不是为了分数，而是与原汁原味的语言文字相遇。这种无功利读书带来的是博览群书、厚积薄发的境界，实现人均阅读量达一千五百万字。海量的活动涌进课堂，所有的字词句篇这些过去要一点一点教给学生的东西，都成为语文实践内涵中的存在。

2. 以"研究"为依托，紧抓"根本"的数学课程

生本数学"宽着期限，紧着课程"的教学观，要求教师不能只做教材的复制者和传声筒，要最大限度地把"教"转变为"学"，把学转变为玩，要从知识点、考点的本本目标，转向促进思维、发展智慧的方向。我校建立了结合新课程标准以研究为内核、以课型为依托、以实践活动为载体来紧抓数学教学的根本的数学课程体系。

以先学研究为内核紧抓数学教学根本。根据学生"大感受、小认识、勤熟悉"的认识规律，设计先学研究，从先学入手，把核心性学习知识提前交付给学生研究，以学生已有的认知发展水平和经验为基础，面向全体学生，让不同基础的学生带着对新知识不同程度的认识进入课堂，从而在课堂上有困惑、有联想、有表达的欲望，能带着更明确的目标去学习，更积极主动地参与课堂，真正成为课堂的主人。

以五种课型为依托落实数学教学的根本。我校教师用课型来带动特色课程建设，如感受课、认识课、熟悉课、知识整理课、评研课，每个单元教学都通过这五种课型来落实课堂教学。五种课型里的每一种课型的教学都是提供给学生充分先学研究和交流展示的机会，都是依靠学生自身的力量来提升学生生命的成长。

以实践活动为载体推进数学教学的根本。我校各年级学生结合各班的班级文化开展个人、小组、全班等组织形式多样的实践活动，如参观访问、观察制作、测量计算、调查统计等，这些实践活动围绕数学知识、紧扣学生生活。学生通过这些实践活动，充分调动了学生运用数学思维、数学技能来大胆进行尝试，在完成实践活动过程中推进数学教学。

3. 以"小剧"为载体，以"活动"贯穿始终的实践性英语课程

我校坚持"把教变成学，把学变成活动"的生本教育教学理念，以分级阅读为抓手，探索以"小剧"为载体，以"活动"贯穿始终的实践性英语课程体系。

使英语学科具有整体生命的意义。原有的英语课程强调它是外来语言，夸大了它的输入过程和不得不采取的细化方式。英语课程路线的改变应该从英语输入转向英语活动的实践，摆脱琐碎说教和过度输入的问题，形成生动活泼的语言实践活动。我们的改革就是建设一个真正属于学生自己的、自主的、有生命意义的强烈的活动空间。我们不再是一步一步地拖着学生走，而是着重培养孩子的听读、先学习惯，我们不再琐碎地说教语法，而是把研究和思考交付给学生，通过研究和活动的方式，让学生抓住问题的本质，形成自己的归纳总结。

以分级阅读丰富英语课程内涵。低年级段，我们注重的是培养学生的兴趣和语感，以教材为主，辅之以学生喜欢的《丽声拼读故事会》，通过听读、认读、朗读，爱上英语，形成良好的语感；中年级段，我们以话题为主线，在课前，通过学生收集、老师推荐，设定阅读目标，开展主题阅读。（如培生英语分级阅读、攀登英语分级阅读、书虫、牛津树等）。在课堂上，鼓励学生自信满满地带来自己的阅读内容，以不同的形式，如图片、绘本、PPT、故事、文段、剧本表演等，与大家进行分享。通过阅读、分享，拓展学生的词汇量，也让学生更自信；高年级段，在学生有了一定的词汇积累基础上，我们开始让学生涉及经典、原著的阅读，如《床头灯系列》，真正做到提高学生的英语文学素养。

推进以小剧为中心的实践活动。语言实践活动是语言学习的根本，我们引导学生运用已学的词汇和积累，开展自编自导自演的小剧表演活动，形成语篇和场景，如：学到购物，我们举办跳蚤市场活动；学到职业，学生讨论未来职业、唐僧师徒四人的职业，甚至将时尚节目《中国梦想秀》等都搬到剧本中来。我们看到了只要给孩子空间和舞台，他们可以创造奇迹。同时，让海量的活动涌进课堂，课前三分钟分享、单词游戏、主题演讲、故事阅读、剧本表演等，更有让学生异常兴奋的英语活动周。通过这些精彩纷呈的活动，让学生感受英语、实践英语和运用英语，使英语学科具有整体生命的意义。

4. 形成了独具特色的生本教育课程评价

我校的课程评价着重于：淡化考试，倡导评研。所谓评研，就是评价、研讨，由学生自行发现学习上的问题，通过小组内自主合作的交流、研讨，寻找解决问题的办法。评研，注重一个"评"，突显一个"研"。从2003年开始，我校一至四年级各学科不参加区市统一试卷考试，而改为自行出题自行评研，把传统控制性的"评价"转变为"评研"，从而使考评的主体回归教育的主体本身，使可比性的评价结果淡化为可研究的评研结果，去控制性，使教育回归儿童的生命机制。"生本评研"与传统评价方式的不同之处主要体现在以下方面。

（1）让学生成为评价的主体。完整的评研过程首先是教师

先根据知识难点、重点、易错点出题，师生、生生评研后，学生再根据自身实际模仿出题，进行再评再研。这种生本评研一改以往学生被动接受知识检查的评价方式，让学生成为评价的主体。把考试评价的主动权还给学生，学生的自我评价、学生之间的互相评价和教师的评价和谐地糅合在一起，打破了以往以教师为中心的"一言堂"的练习课模式，变教师的"一言堂"为学生的"多言堂"，实现评价主体多元化。这种评价方式从很大程度上提高了学生学习的主动性和积极性，提高了学生对学习的兴趣，激发了学生自主学习的欲望，

使学生在感受、领悟、创造中学习；改变了学生和教师传统单一的反馈学习模式，令学生和教师都体验到成功的喜悦。

（2）为学生的强势发展赢得时间和空间。学生在评研过程中，不断将难题与易错题进行交流研究，每一次评研都在不断弥补之前评研中的不足，直到学生最终取得满意的评研卷成绩。消除了过去以"分数论英雄""一张试卷定乾坤"的传统教育评价中重结果轻过程的不足。其实质是改变单纯以分数评价学生的方法，建立综合素质教育评估体系，弱化差别，淡化分数与等级的竞争，给学生创造较为宽松的学习环境，使学生更主动、更生动活泼地发展。这种人性化的评价机制更多地关注学生在学习中表现出来的情感体验、学习信心、学习态度等，让每个孩子都有机会通过努力获得成功。由此，为每一位学生的强势发展赢得了宽松的时间和空间，使"素质高，不愁考"变成现实。

5．创建生本教育课堂教学模式，形成"教皈依学，教少学多"的课堂教学文化

我校生本教育的实践与探索，其内在核心是尊重生命，依托天性，将需要或能够托付给学生的教育，不加太多的修饰和框架还给学生。为了把先进的理念转化为具体的教学行为，实现把主要依靠教转化为主要依靠学的课堂教学，我校在实践探索中形成了独具一格的"教皈依学，教少学多"的课堂教学新模式。

生本教育课堂教学模式的操作流程如图1所示：

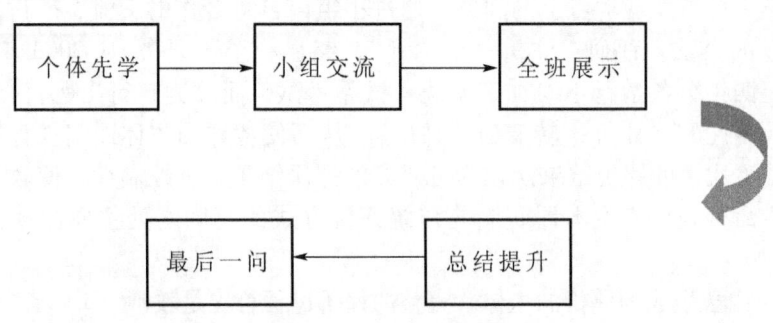

图1　生本理念下的课堂教学流程

从图中不难看出，在生本理念引领下的生本课堂模式中，哪里都能看出学生是学习的主体。在生本理念下，老师的作用是为了帮学生学，以至实现不教而教的效果，如图2所示，就是实现帮学。

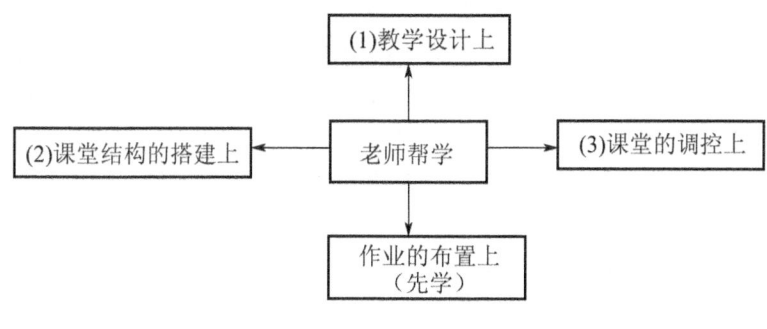

图2　老师的作用

在这种模式下,教师必须转化角色,认识到老师的作用是为了帮助学生自己学、自己发展自己。因此,老师的帮学通常体现在教学策略的设计和资源工具的开发上,做到先会后学,先学后教,教少学多,以学定教,直至不教而教。

课堂教学是否高质高效主要看学生,我们从四个维度评价学生的学:课堂学习的参与度,自主学习的强度,探究学习的深度,合作学习的效度。评价学生有"四高":高参与,高热情,高效率,高创造。"高"指的是强烈的、个性化的表现和需要是否得到满足:体验与参与的需要、交往与互动的需要、表现与分享的需要、发现与创造的需要,以及受表扬与被认可的需要。

(七) 全面实施生本教育,师生生命精彩绽放

基于生本教育理念的全面实施,十多年的生本教育特色办学之路,我校确立了生本教育的核心价值取向,创新了生本教育的课程体系,构建了与课堂文化相对应的课堂教学模式。学校办学特色日益鲜明,办学成绩逐渐丰厚,学校、教师、学生在十多年的生本教育的特色打造中,生长、成长、成才、成功。学校已经成为学生学习成长的乐园、教师发展提高的沃土。以生为本、以师资强、校风正、质量高赢得了社会的广泛赞誉。2015年广东电视台专题《好学校就在身边》报道了骏景小学的办学特色,广东省教育厅厅长梁伟其专门做了点评。

(1) 学校生长:学校蓬勃发展。学校先后成为教育部"农村校长助力工程"国培校长培训基地学校;全国教育科学"十五""十一五"规划教育部重点课题"生本教育理论和实践体系研究"实验基地;广州市绿色学校、广州市百所优秀家长学校、广州市教师继续教育培训基地学校、广州市国际象棋培训基地学校;曾获教育部教师发展基金会颁发的全国"十一五"教育科研先进集体奖、先进个人奖以及优秀教育成果一等奖;被评为全国科学小实验家试点学校、广东省青少年课题研究"先进学校";陈武校长主持的教科研成果,荣获广

东省教育管理科学吴汉良奖一等奖。

《人民教育》杂志继2008年报道我校之后，2010年、2015年分别刊登了我校教育改革的成果；2012年12月《羊城晚报》教育专版以"让学生占领讲台"为题报道了我校生本教育课堂教学改革带来的显著成效。2014年国庆期间，广东省新闻频道报道了骏景小学办人民满意的教育的典型案例，使全校师生深受鼓舞。多年来，显著的生本教育办学业绩和办学成效，吸引了全国二十多个省市上千所学校过来教育考察、观摩学习。

近年来的全国生本研习班来校学习的统计表如表3所示。

表3 骏景小学2012年2月至2015年9月接待外校观摩一览表

时间	来访单位	人数（人）
2012年2月	全国生本研习班	120
2012年5月	全国生本研习班	130
2012年9月	全国生本研习班	130
2012年10月	郑州校长团；黑龙江大庆市龙凤区校长、骨干教师考察团	50
2012年10月	天河区语文教研及兄弟学校	200
2012年11月	教科所组织生本研习班学员培训班；邯郸丛台区骨干教师考察团	200
2012年11月	东莞骨干教师考察团	30
2012年11月	全国生本研习班	130
2012年12月	深圳南山区教育局考察团及周边兄弟学校	100
2013年2月	顺德生本学校老师	30
2013年3月	生本教育考察团及兄弟学校	200
2013年3月	郑州、新疆骨干教师；重庆九龙坡含谷小学、驿都实验学校；新疆乌苏市五小、二小；精河一小校长和骨干教师	100
2013年4月	生本教育考察团及兄弟学校；郑州中原区伏牛路小学；杭州、林芝及郑州教育局生本教育考察团	230

续表3

时间	来访单位	人数（人）
2013年5月	韶关曲江一小生本教师团、全区四年级数学老师；江苏常熟市石梅小学、湖北生本教育团	150
2013年6月	北师大附小；生本联盟学校	100
2013年10月	佛山生本学校实验老师；生本教育考察团及兄弟学校	230
2013年10月	生本教育考察团及兄弟学校	130
2013年10月	增城、江苏、花都、从化和新疆考察团；闫德明教授及广东第二师范学院师生	300
2013年10月	生本教育考察团及兄弟学校	100
2013年11月	重庆、内蒙生本教育同行；生本教育考察团	200
2013年11月	全国生本英语研习班学员、鄂尔多斯鄂托克前旗实验小学老师；北京丰台基础教育改革考察团；四川剑阁县教育局、郑州经济开发区、新疆生本考察团	300
2013年12月	郑州经济开发区教育局、新疆生本实验老师、桂林实验老师；鄂尔多斯和全国生本语文研习班老师	120
2013年12月	郑州经济开发区教育局、华南师范大学培训班学员、新疆生本实验老师	100
2013年12月	全国生本教育数学骨干教师研修班学员、华师大"国培校长班"学员	180
2014年2月	生本教育考察团	160
2014年3月	全国生本研习班语文骨干老师培训班学员；新疆精河县一小、山西、韶关曲江一小；澳门劳工子弟学校	150
2014年5月	生本语文骨干班学员	50
2014年6月	全国生本语文骨干教师培训班	120
2014年7月	广东二师组织的香港澳门教育考察团	130
2014年10月	全国生本教育数学骨干教师研修班学员、曲江一小生本老师	100

续表3

时间	来访单位	人数（人）
2014年10月	华师大"国培校长班"学员、全国生本英语骨干教师培训班学员	100
2014年11月	佛山市南海区大沥镇中小学后备校长研修班学员、英德市实验小学、曲江一小	100
2014年12月	郭思乐教授与内蒙包头教育局	150
2014年12月	包头市教育局（骨干教师团）、江苏、广州花都、东莞大朗、汕头生本教育同行	100
2015年1月	东莞大朗及甘泉小学	50
2015年1月	教科所组织生本研习班	150
2015年3月	教科所组织生本研习班、新疆精河县第一小学骨干教师及重庆生本教育同行；教研室及教育局	150
2015年3月	督导到校查看教学、增城生本实验老师、澳门老师	30
2015年4月	新疆乌苏、花都棠澍小学、韶关曲江一小实验老师；教科所组织生本研习班	150
2015年4月	山东考察团	100
2015年5月	教科所组织生本英语研习班学员；河南、鄂尔多斯等兄弟学校	130
2015年6月	韶关兄弟学校	120
2015年6月	英德兄弟学校	110
2015年9月	全国生本校长研习班	100
2015年9月	全国生本班主任班	60

注：总计6992人。

表4 骏景小学2015年9月至2017年3月接待外校观摩一览表

时间	来访单位	人数（人）
2015年9月	全国生本研习班	200
2015年9月22日	全国生本研习班	130

续表4

时间	来访单位	人数（人）
2015年10月9日	全国生本教育理论与实践研习班暨广州市天河区生本教育研讨会	300
2015年10月16日	生本语文研习班	100
2015年11月19日	天河区语文学科教研及韶关曲江一小等兄弟学校	200
2015年12月9日	全国生本研习班	200
2016年3月7日	全国生本研习班	150
2016年3月17日—3月18日	生本语文研习班	130
2016年3月25日	生本数学研习班	100
2016年3月28日—3月29日	省二师校长研习班、新疆教育团	200
2016年4月7日	生本数学研习班	100
2016年4月13日	河源小学校长提高班	60
2016年5月20日	全国生本研习班	200
2016年9月22日	生本语文骨干班	120
2016年9月27日	清远生本教师、百千万名师培训班	150
2016年10月11日	生本数学骨干班	100
2016年10月25日	大连教育考察团	50
2016年10月27日	生本英语骨干班、从化教研室教师团队	100
2016年11月14日	广东省第二十七期革命老区、边远山区农村小学校长培训班	100
2016年11月22日	北京中国教师发展研究中心广州深圳名校行；佛山、棠东小学教师团队	100
2016年12月1日	云南孟连县中小学校长、骨干教师；海南海口市音乐科名教师工作室老师、卓越校长参训团校长	150
2016年12月15日	全国生本研习班、河南南阳高新区孟区长及教育局焦局长	200
2016年12月27日	中国教师发展基金会资助项目中的全国各地教育局长、各校校长；全国生本培训班学员	100

表5 骏景小学2013—2017年教师外出讲学一览表

时间	外出讲学单位	学科
2013年3月	山东临沂五小	语文、数学、英语（麦颖秀、陈天兰、王玉芹）
2013年3月	深圳市黄麻布小学	数学（麦颖秀）
2013年4月	重庆含谷小学	语文、数学、英语（麦颖秀、张瑜、聂红梅）
2013年4月	邯郸丛台区教研室	语文、数学（陈天兰、麦颖秀）
2013年5月	江苏石梅小学	语文、数学（陈天兰、麦颖秀）
2013年6月	新疆塔西南实验小学	数学、英语（李晓华、缪娟）
2013年9月	新疆乌苏市实验小学和精河县实验小学	语文、数学、英语（陈天兰、王雪贞、麦颖秀）
2013年10月	四川成都龙泉区教研室	语文（陈天兰）
2013年11月	山西榆次太行小学	语文（陈天兰）
2013年11月	广东生本教育研究中心	数学（麦颖秀）
2013年12月	新疆库尔勒中学	数学（李晓华）
2013年12月	内蒙鄂尔多斯准格尔旗大路一小	语文、数学（陈天兰、吴双法、麦颖秀）
2014年3月	内蒙鄂尔多斯准格尔大路一小	语文（陈天兰）
2014年3月	邯郸丛台区教研室	语文（陈天兰）
2014年4月	广东生本教育研究中心	语文（许敏妮、苏建敏）
2014年4月	福建晋江花厅口小学	语文、数学（陈天兰、麦颖秀）

续表5

时间	外出讲学单位	学科
2014年6月	广州市海珠区赤岗小学	语文（陈文霖）
2014年6月	新疆喀什塔西南小学	英语（缪娟）
2014年10月	澳门劳工子弟学校	英语（林惠好）
2014年10月	杭州建新小学	语文（陈天兰）
2015年3月	澳门培华小学	英语（林惠好）
2015年3月	广西融水小学	英语（王玉芹）
2015年3月	山西省晋中市榆次区太行小学	英语（缪娟）
2015年3月	河北石家庄井径	语文（陈天兰）
2015年4月	河南郑州经发区教育局	语文（陈天兰）
2015年4月	青岛芙蓉山小学	数学（李晓华）
2015年4月	青岛市市北区教学研究中心	语文（吴双法）
2015年5月	江苏太仓	语文（陈天兰）
2015年9月	黑龙江大庆市龙凤区教育局	英语（缪娟）
2015年10月	肇庆市高新区实验小学	数学（钟柳姗）
2015年10月	肇庆市高新区实验小学	语文（王清华）
2015年10月	四川省广元市教师培训中心	英语（缪娟）
2015年10月	青岛市北区教学研究中心	语文（陈天兰）
2015年11月	长沙市高新区虹桥小学	英语（唐小舟）
2015年12月	江西会昌小学	英语（王玉芹）
2015年12月	青岛芙蓉山小学	英语（张瑜）
2015年12月	江西会昌小学	语文（肖灿灿）
2016年3月	广东生本教育研究中心	数学（麦颖秀）
2016年3月	肇庆市封开县中心小学	数学（刘迅）
2016年4月	澳门培华学校	数学（李晓华）
2016年4月	澳门培华小学	英语（林惠好）

续表5

时间	外出讲学单位	学科
2016年4月	肇庆市第六小学	语文（吴双法）
2016年4月	北京顺义区教研中心	语文（陈天兰）
2016年4月	鹤山市沙坪一小	语文（陈天兰）
2016年5月	广州市增城区荔城街第二小学	英语（缪娟）
2016年7月	生本教育研究中心	语文（许敏妮）
2016年7月	广东生本教育研究中心	英语（王玉芹）
2016年8月	秦皇岛全国中小学语文生本教育	语文（郑海薇）
2016年8月	全国生本研习班	语文（陈文霖）
2016年8月	云南省孟连县教育局	管理、语文、数学（乐理明、陈天兰、郭淑珺、李晓华）
2016年8月	广东生本教育研究中心	英语（唐小舟）
2016年8月	江苏省太仓市教师发展中心	英语（缪娟）
2016年9月	肇庆市高新区实验小学	语文（陈天兰）
2016年9月	广东生本教育研究中心	管理（乐理明）
2016年10月	深圳市宝安区钟屋小学	英语（缪娟）
2016年10月	广东鹤山市第二小学	语文（张眼芳）
2016年11月	北京教育学院	语文（吴双法）
2016年11月	广东省肇庆市高新区实验小学	语文（张眼芳）
2016年11月	广东省第二师范学院教育学院	英语（缪娟）
2016年12月	广东生本教育研究中心	美术（田蜜）
2016年12月	广东生本教育研究中心	音乐（李晓文）
2016年12月	广东生本教育研究中心	体育（钟燕辉）
2017年2月	韶关曲江三小	英语（张瑜）
2017年3月	四川广元教师培训中心	语文（陈天兰）
2017年5月	鹤山市沙坪一小	语文、数学、英语（陈天兰、张眼芳、麦颖秀、缪娟）

(2) 教师生长：教师幸福感提升。实施生本教育，教师的角色发生了根本性转变，从过去的知识复制者、传授者转变为学生学习的组织者、合作者、促进者，学习需求不断增大，职业倦怠逐渐消失，代之以极大的充实感和职业幸福感，逐步由勤奋传授型教师走向智慧帮学型教师。目前，获省市区各级优秀教师称号44人次，成为各级学科带头人、特约教研员20多人次。其中，陈武校长被认定为天河区首批基础教育名校长、中小学校长国家级培训专家、教育部农村校长助力工程华师大国培校长指导导师、广东省百千万人才培养工程第四批名校长培养对象。获教育部教师发展基金会颁发的全国"十一五"教育科研优秀教育成果一等奖，广东省教育管理科学吴汉良奖一等奖，广东省教育科学研究成果黄华奖一等奖；陈天兰副校长、刘迅、吴双法老师成为广州市新一轮百千万人才培养工程名教师培养对象；曹小君老师成为教育部国培名师培养对象；陈天兰副校长的先进事迹也刊登在了2014年10月《中国教师报》上；麦颖秀老师获教育部教师发展基金会颁发的全国"十一五"教育科研先进个人奖；40多位教师成为省市区优秀教师、优秀班主任、学科中心组核心组成员。

教师积极参与教育科研课题研究和实践研究，多篇论文在国家级期刊上发表，不少课题获省市区课题立项并顺利结题。

附：骏景小学教师教育科研立项课题一览表、骏景小学教师主要研究成果一览表。

表6　骏景小学教师教育科研立项课题一览表

序号	课题名称	课题负责人	承担单位	课题类别	批准时间
1	建立适应新课程实施需要的小学管理制度研究	陈　武	骏景小学	广东省教育科学"十一五"规划研究项目	2008年12月
2	生本教育理念下学校教学管理研究	陈　武	骏景小学	广东省普教系统百千万人才工程省级培养对象专项科研课题	2009年6月
3	在校本课题研究中促青年教师成长	陈　武	骏景小学	天河区教育科学规划课题	2006年9月

续表6

序号	课题名称	课题负责人	承担单位	课题类别	批准时间
4	四年级科学实验课中小组有效合作提高实验成效的实践研究	陈秋香	骏景小学	天河区教育科学规划课题	2009年9月
5	低年级计算教学中感受课的实践与研究	陈燕微	骏景小学	天河区教育科学规划课题	2009年9月
6	数学百分数单元评研课有效性的实践与研究	刘迅	骏景小学	天河区教育科学规划课题	2009年9月
7	知识整理课（复习课）的实践与研究	袁芳	骏景小学	天河区教育科学规划课题	2009年9月
8	才艺三分钟的研究	吴红英	骏景小学	天河区教育科学规划课题	2009年9月
9	五年级语文课堂学生倾听能力的有效培养	吴双法	骏景小学	天河区教育科学规划课题	2009年9月
10	通过大阅读提高三年级学生起步作文能力	郭淑珺	骏景小学	天河区教育科学规划课题	2009年9月
11	小学语文组团式教学策略研究	陈天兰	骏景小学	广州市教育科学规划课题名师专项	2015年3月

表7 骏景小学教师主要研究成果一览表

序号	所在单位	姓名	论文题目	期刊名及期刊号	页码
1	天河区骏景小学	刘迅	谈生活题材用于数学教学	天河教育科研2004年第1期	13
2	天河区骏景小学	刘迅	新课程背景下学生自主学习习惯的培养	《教育纵横》2004年第4期	75
3	天河区骏景小学	刘迅	课堂教学有三关	《新课程》2011年第1期	34

续表7

序号	所在单位	姓名	论文题目	期刊名及期刊号	页码
4	天河区骏景小学	陈武、陈天兰	教少学多如何实现	《人民教育》2009年第15、16期	22
5	天河区骏景小学	吴双法	听听，智慧的声音	《师道》2010年第9期	47
6	天河区骏景小学	陈武	生本教育，让学校成为孩子自己的乐园	《人民教育》2012年第3、4期	54
7	天河区骏景小学	陈武	生本教育理念下教与学的思考和实践	《现代教育论丛》2010年第11期	60
8	天河区骏景小学	陈武	生本教育在骏景——校长笔记	《现代教育论丛》2012年1期、2期合刊	72
9	天河区骏景小学	陈天兰	以推进阅读为己任，还学生阅读以正道	《广东教育》2013年综合总第491期	68
10	天河区骏景小学	梅馨、陈武、麦颖秀、刘迅、裴崇武、李晓华等	小学数学自学指引 一至六年级（共六册）	新世纪出版社出版（2013年）	70
11	天河区骏景小学	麦颖秀	小组合作学习的有效开展	《师道》2016年第260期	47
12	天河区骏景小学	麦颖秀	来自学生的精彩	2015年9月《激扬生命的课堂——广州骏景小学生本教育课堂教学案例集》	144-149

续表7

序号	所在单位	姓名	论文题目	期刊名及期刊号	页码
13	天河区骏景小学	刘迅	学生"在线"我"隐身"	2015年9月《激扬生命的课堂——广州骏景小学生本教育课堂教学案例集》	150－159
14	天河区骏景小学	陈天兰	用"简单"换取"极致"	2015年9月《激扬生命的课堂——广州骏景小学生本教育课堂教学案例集》	6－8
15	天河区骏景小学	骏景小学	课堂教学模式介绍	2015年9月《激扬生命的课堂——广州骏景小学生本教育课堂教学案例集》	9－16
16	天河区骏景小学	陈天兰	教学案例	2015年9月《激扬生命的课堂——广州骏景小学生本教育课堂教学案例集》	17－26
17	天河区骏景小学	郑海薇	狮子和野牛	2015年9月《激扬生命的课堂——广州骏景小学生本教育课堂教学案例集》	28－35
18	天河区骏景小学	肖灿灿	黄鹤楼送孟浩然之广陵	2015年9月《激扬生命的课堂——广州骏景小学生本教育课堂教学案例集》	36－42
19	天河区骏景小学	许敏妮	低年级识字	2015年9月《激扬生命的课堂——广州骏景小学生本教育课堂教学案例集》	43－47
20	天河区骏景小学	吴姝俐	夸夸我的同学	2015年9月《激扬生命的课堂——广州骏景小学生本教育课堂教学案例集》	48－54
21	天河区骏景小学	王清华	论语	2015年9月《激扬生命的课堂——广州骏景小学生本教育课堂教学案例集》	55－63

续表7

序号	所在单位	姓名	论文题目	期刊名及期刊号	页码
22	天河区骏景小学	张眼芳	简单带来极致	2015年9月《激扬生命的课堂——广州骏景小学生本教育课堂教学案例集》	64-70
23	天河区骏景小学	魏哗哗	黄山	2015年9月《激扬生命的课堂——广州骏景小学生本教育课堂教学案例集》	71-81
24	天河区骏景小学	苏建敏	感悟	2015年9月《激扬生命的课堂——广州骏景小学生本教育课堂教学案例集》	82-94
25	天河区骏景小学	曹小君	做人与标点符号	2015年9月《激扬生命的课堂——广州骏景小学生本教育课堂教学案例集》	95-102
26	天河区骏景小学	温杏浙	单元感受课教学案例	2015年9月《激扬生命的课堂——广州骏景小学生本教育课堂教学案例集》	103-112
27	天河区骏景小学	陈毅苹	凤辣子初见林黛玉	2015年9月《激扬生命的课堂——广州骏景小学生本教育课堂教学案例集》	113-119
28	天河区骏景小学	陈文霖	六年级写作评研课教学案例	2015年9月《激扬生命的课堂——广州骏景小学生本教育课堂教学案例集》	120-125
29	天河区骏景小学	王莉芳	生命 生命	2015年9月《激扬生命的课堂——广州骏景小学生本教育课堂教学案例集》	126-130
30	天河区骏景小学	聂红梅	"小小新闻发布会"	2015年9月《激扬生命的课堂——广州骏景小学生本教育课堂教学案例集》	131-137

续表7

序号	所在单位	姓名	论文题目	期刊名及期刊号	页码
31	天河区骏景小学	吴双法	月光曲	2015年9月《激扬生命的课堂——广州骏景小学生本教育课堂教学案例集》	138-143
32	天河区骏景小学	李晓华	乘除法应用题的知识整理	2015年9月《激扬生命的课堂——广州骏景小学生本教育课堂教学案例集》	160-166
33	天河区骏景小学	李素云	万以内数的大小比较	2015年9月《激扬生命的课堂——广州骏景小学生本教育课堂教学案例集》	167-175
34	天河区骏景小学	张婵琼	周长的初步认识	2015年9月《激扬生命的课堂——广州骏景小学生本教育课堂教学案例集》	176-180
35	天河区骏景小学	朱丽琼	百分数应用评研	2015年9月《激扬生命的课堂——广州骏景小学生本教育课堂教学案例集》	181-187
36	天河区骏景小学	黄转红	我的教学课堂教学案例片段	2015年9月《激扬生命的课堂——广州骏景小学生本教育课堂教学案例集》	188-194
37	天河区骏景小学	李四花	精彩课堂学生做主	2015年9月《激扬生命的课堂——广州骏景小学生本教育课堂教学案例集》	195-199
38	天河区骏景小学	缪娟	四年级英语语法点教学	2015年9月《激扬生命的课堂——广州骏景小学生本教育课堂教学案例集》	200-207
39	天河区骏景小学	王雪贞	Book Seven Module Eight	2015年9月《激扬生命的课堂——广州骏景小学生本教育课堂教学案例集》	208-214

续表7

序号	所在单位	姓名	论文题目	期刊名及期刊号	页码
40	天河区骏景小学	幸 莉	Module 3 An Invitation	2015年9月《激扬生命的课堂——广州骏景小学生本教育课堂教学案例集》	215－220
41	天河区骏景小学	吴海玲	英语课堂感悟	2015年9月《激扬生命的课堂——广州骏景小学生本教育课堂教学案例集》	221－228
42	天河区骏景小学	田 蜜	名人漫画	2015年9月2015年9月《激扬生命的课堂——广州骏景小学生本教育课堂教学案例集》	229－237
43	天河区骏景小学	梁 湛	有趣的数字	2015年9月《激扬生命的课堂——广州骏景小学生本教育课堂教学案例集》	238－242
44	天河区骏景小学	李晓文	多彩的乡音	2015年9月《激扬生命的课堂——广州骏景小学生本教育课堂教学案例集》	243－254
45	天河区骏景小学	罗 婷	感知音乐力度	2015年9月《激扬生命的课堂——广州骏景小学生本教育课堂教学案例集》	255－260
46	天河区骏景小学	吴双法 张眼芳	新课程环境下小学生的课堂学习行为探讨	《教师教学研究》2016.12	24－27
47	天河区骏景小学	郭淑珺	灵活运用教学方法，提升综合实践课程学习效果	《小学教学研究》2016.03	73－74

续表7

序号	所在单位	姓名	论文题目	期刊名及期刊号	页码
48	天河区骏景小学	郭淑珺	整合教学资源，培养学生的创新意识	《小学教学参考》2016.03	86
49	天河区骏景小学	郭淑珺	通过大阅读提高学生起步作文能力	《快乐阅读》2015.10	40

（3）学生生长：学生快乐成长。在生本教育的熏陶下，学生的学习兴趣、学习动力、自信心等大大增强，自主、合作、探究的意识和能力大大提高，学生从被动接受知识的过程变为积极、主动地认识过程，实现了生命的成长。学校创办十余年来，在骏景小学这块生本沃土上，培养出了一大批优秀毕业生。如：

2006届毕业生杨平凡获得全国物理竞赛一等奖，被清华大学免试提前录取；

2007届毕业生李思琳成为亚洲最小的签约歌手，现在已是全国最年轻的作曲家，2014年获得美国耶鲁大学全额奖学金录取，她和她的父母不忘在骏景小学的美好的童年生活，专程带着由耶鲁的学霸同学组成的清唱团，在六一期间回母校为师生演出；同一届的蔡子芃、陈安然、彭依琳以优异的成绩被英国剑桥大学录取；

2008届毕业生卢东洋在2014年被美国加州大学录取，张之梦被清华大学录取；2008届陈延秋在华附上高中，获得全国化学竞赛二等奖；

2009届的杨昌琛因优异的成绩被保送为国际交换生到德国交流学习两年；2009届毕业生屈丹妮留学美国，因其出类拔萃，经常被邀请在各媒体做中美教育比较的报告；

2010届的毕业生龙乐芸在广州星海音乐厅举办个人钢琴独奏音乐会；

2011届学生贺华柯已是华南师范大学附属中学国际部高一学生，不仅学习成绩优异，而且全面发展，是广州市少年足球队主力队员，获得广州市冠军3个，广东省联赛冠军3个，全国联赛第6名的好成绩，2014年在媒体发表《足球之殇》万言书而被人们广泛关注。

学有专长，全面发展。我校体育、艺术、科学等各类小社团蓬勃兴旺，每个学生都获得了自主展示和自我实现的平台。在体育方面，我校是广州市国际象棋培训基地学校，小棋手们在天河区小学生国际象棋赛中独占鳌头，几乎垄断了各个组别的前3名，并代表天河区组队参加广东省棋类竞赛，名列前茅；学校合唱队在各类比赛中，多次夺得一等奖，连续四年成为天河区合唱资助项目学校；文学社、探索社、研究会、诗歌会、读书会、风儿乐队等缤纷小社团蓬勃兴旺。不少小社团获"全国优秀红领巾小社团"荣誉称号，学校被授予"全国优秀红领巾小社团"活动组织奖。

热爱阅读，校园充满浓郁的书香气息。从《论语》《千字文》到现代诗篇、古今中外各类经典名著，让孩子读原汁原味的经典，与原汁原味的语言相遇，我们从语文课堂的改革入手，将符号分析性的语文转变为实践活动性的语文，使每一位孩子爱上阅读，享受阅读，让每天阅读一小时成为一种习惯，使阅读成为一种生活方式，阅读量人均达一千五百万字，实现博览群书，厚积薄发。阅读成为校园最美的风景。2011届毕业生徐华曼被评为广东省阅读之星。2013届毕业生简玥成为网络小作家，一年多创作网络小说50万字，粉丝千万计。

表8　骏景小学小社团获奖一览表

授予时间	获得称号	级别	授予单位
2005年10月	荣获"广州市天河区优秀少先队员特色中队"称号	区级	天河区教育局
2008年8月	环保小社团被评为2008年"广东省优秀红领巾小社团"	省级	共青团广东省委员会；广东省教育厅；少先队广东省工作委员会
2008年9月	绿天使小社团在2007—2008年度"童趣杯"全国优秀红领巾小社团评选活动中积极参与，表现突出，被授予"全国优秀红领巾小社团"	国家级	全国少工委办公室
2008年9月	探索之友社在2007—2008年度"童趣杯"全国优秀红领巾小社团评选活动中积极参与，表现突出，被授予"全国优秀红领巾小社团"	国家级	全国少工委办公室
2008年9月	三国研究会在2007—2008年度"童趣杯"全国优秀红领巾小社团评选活动中积极参与，表现突出，被授予"全国优秀红领巾小社团"	国家级	全国少工委办公室

续表8

授予时间	获得称号	级别	授予单位
2008年9月	绿使者社团在2007—2008年度"童趣杯"全国优秀红领巾小社团评选活动中积极参与,表现突出,被授予"全国优秀红领巾小社团"	国家级	全国少工委办公室
2009年5月	荣获2008—2009年度天河区少先队特色小队称号	区级	天河区教育局;共青团天河区委员会;少先队天河区工作委员会
2009年5月	荣获2008—2009年度天河区少先队特色小队称号	区级	天河区教育局;共青团天河区委员会;少先队天河区工作委员会
2009年11月	嫩芽文学社在2008—2009年度"童趣杯"全国优秀红领巾小社团活动中,表现突出,被授予"全国优秀红领巾小社团"	国家级	全国少工委办公室
2009年11月	快乐小荷读书会在2008—2010年度"童趣杯"全国优秀红领巾小社团活动中,表现突出,被授予"全国优秀红领巾小社团"	国家级	全国少工委办公室
2009年11月	在2008—2011年度"童趣杯"全国优秀红领巾小社团活动中,组织有力,表现突出,被授予"全国优秀红领巾小社团"	国家级	全国少工委办公室
2009年11月	爱乐艺术社在2008—2012年度"童趣杯"全国优秀红领巾小社团活动中,被授予"全国优秀红领巾小社团"	国家级	全国少工委办公室
2009年11月	凤儿乐队在2008—2013年度"童趣杯"全国优秀红领巾小社团活动中,表现突出,被授予"全国优秀红领巾小社团"	国家级	全国少工委办公室

续表8

授予时间	获得称号	级别	授予单位
2010年5月	荣获2009—2010年度天河区少先队特色小队荣誉称号	区级	天河区教育局
2015年3月	飞翔小队荣获天河区2014—2015年少先队特色中队称号	区级	天河区教育局

"学生是有血有肉的生命，教育的目的在于激发和引导他们走上自我发展的道路。"10余年的生本教育实践，我们深深地感到生本教育之花已然绽放在骏景小学每个角落，提高了广大师生的综合素质，积淀了师生的文化底蕴，进而提升了学校的教育品位，使得学校真正成为孩子们的成长乐园、教师们的精神家园。同时，我们也深知，特色学校的形成不是一朝一夕的，是一个循序渐进的过程。在教育事业的长河中，我们任重而道远，需要不断完善、不断发展、不断超越自我。我们坚信，在改革与创新的道路上，我们将一如既往以生本激扬生命，让教育洒满阳光！

（乐理明　陈武　陈天兰　郭淑珺　陈小凤　郑海薇　何小平　裴崇武　麦颖秀　刘迅）

二、依托生本做教育

（一）一所城乡结合部学校开展生本教育的实践和思考

广州市天河区珠村小学2005年开始生本教育的实验，从"迎难探路、犹豫退缩"，到"全面参与、积极探索"，改变了学生的学习方式和教师的教学方式。以生为本，激扬生命。回首十年的生本教育实验之路，且行、且思、有悟、有效……

静下心来做生本

珠村小学开展生本实验近十年来，走过了不平凡的路。2013年8月29日，这是值得记住的日子。郭思乐教授让我们这个城乡结合部的学校为来自全国生本研修班的学员上语文、数学、英语三节研讨课。三个老师的课让郭思乐教授喜出望外，从此，学校的生本课堂引来全国生本同行多次交流研讨。广东生本研究中心组织的来自四川、广西、河南、贵州、福建等10多个省市的生本研修班的学员，近10批、1000多人次前来参加语文、数学、英语、德育、班主任、行政干部为主体成员的学习、蹲点、交流活动，学习交流生本课堂的做法和成效。

生本研究最大的收获是成功地打造具有学校特色的生本课堂教学模式，老师们把课堂还给了学生，学生真正成为课堂学习的主人，学校的教学质量也因为生本教育而逐年提高。生本课堂的做法和成效赢得了专家和同行的盛赞。

1. 生本教育终成效

2005年在郭思乐教授的引领下学校开始生本教育实验，提出了"生本兴校"的办学策略。开始做三个实验班，到2008年，学校实验班的规模扩展到了四个年级、三个学科。实验班的效果逐渐显现。实验班的孩子们能说会道，实验班的学生抽测语文数学成绩遥遥领先平行班，参加实验的老师也跟随成长，学校实现了三个"破天荒"——实验班的老师参加区级说课综合比赛破天荒拿了一等奖，学校试验班的外语口语课第一次为广州地区实验学校上公开课，学校还破天荒地接待了香港、澳门地区的师生来校访问。学校找到了教科研的路子，明确了学校发展的方向。2008年4月，学校生本实验的教师和学生参加了全国首届生本教育高端论坛暨第二届祖国内地和香港、澳门地区生本教育理论和实践体系学术研讨会，教师有四篇论文获一、二等奖，四位教师的论文和六位学生的作品分别被编入生本教育体系实践案例、实践和思考、学生作品丛书。

生本的做法倡导学生期末不考试，而是实行评研。五年不考，六年级再备考。有一个例子：在2009学年上学期的天河区教研室进行的12所学校参加数学抽测的结果，让我们教师信心倍增。本来这次抽测是每个学校四年级一班人教版班的数学，但我校的四年级三个班是生本教材版班，而区教研室下派到学校监控考核的预定名单是每个学校用人教版的四年级一班，参加监考的教研员建议我们可以弃权，但我们的生本数学教师说学生不怕考，决定让生本班的学生参加考核。结果让我们喜出望外，生本四年级一班的数学平均成绩和优秀率大大超过区的数学平均分和优秀率。

更突出的例子是：2013年上学期，天河区五年级抽测活动，要求每所学校五年级的学生必须参加。统一命题、统一监考、统一改卷，由邓慧芳老师任教的英语两个班成绩分别为93.3分、93.0分，位居天河区六十多所公立小学的前列。2013年6月六年级期末考试，她带的两个班成绩分别是96.9分和94.8分，这个成绩真是意想不到。这正验证了生本班的学生"五年不统考，六年考试不得了"的说法。

我们学校的生源来自城乡结合部，如果没有有效的方法和独到的教育模式不可能在天河中心城区学校的英语学科中脱颖而出。按照邓慧芳老师的说法就是：在做生本之前，老师加班加点，再努力，英语也只考到80多分，但她现在做生本教学五年，转变了教学方式，注重发掘学生的潜能，帮助学生学习成长。是生本改变了她的课堂，是生本让她的学生喜欢英语课，也是生本提高了教学质量。郭思乐教授说："珠村小学的师生们默默做生本坚持至今，确实不容易，能够持之以恒地做到现在这样，是城乡结合部学校的典型代表。"

珠村小学的生本历程告诉我们，教育是要等待的。从2014年开学开始，学校接待来自全国生本研究中心组织的各类研讨、交流、培训10多次，几千人观摩课堂，接待活动连续不断，这是教育的幸事，也是课堂的变革，更是学生的福音，学校的美誉。目前生本教育理念已经成了学校全体教师的共识："以生为本、少教多学、以学定教"成为大家实践的理念指引，生本教育让老校焕发生机，让城乡结合部学校沐浴到生本教育的阳光，使师生迸发出生命的光彩。

2. 生本课堂有特色

不管是什么类型的课堂和各种类型的课例，在课堂上都要体现出生本味道。全面依靠学生要体现在先学，在先学和前置研究的前提下再进行小组活动、小组展示。

（1）语文课堂关键要形成"大阅读、大感受"的课文教授方法，让学生在"悟"中学，老师不再讲深讲透，学生不再做题山题海，师生不再为考试、测验囿于这样那样的训练，一篇有完整意义的课文不再被分析支解得支离破碎，这样，学生就能广开言路、广开思路，输出的是一堂堂充满精神活力的语文课，得到的是一次次的文学熏陶、人性冶炼。语文选取与课文同类或另类的文块，在进行小组展示中，不能只带回文章的内容和信息，要对带回来的文章有思考地理解和表达，要有思想的展示，不只是文本的展示，要达到以文引思，以思引写的目的。

（2）数学课堂关键要明确这节课的根本是什么。围绕知识根本的问题展开思维，寻找知识发生的地方，以题目做引子，深入讨论和探究根源，在汇报中，小组的同学要主动积极思考，把前置研究的想法与思考和同学交流，不能只坐在下面当看客，被动地听，要主动地参与和思考、质疑和反思。在参与中提升思维的品质和思考的方法。在展示时，其他小组和同学要有敏锐的思维警觉、要主动质疑、主动参与，不能只看展示同学的解答，自己也要解答和提出新的更好或更多的想法。

（3）英语课堂重在语言表演的训练，英语的活动表演是关键，如何组织，小组同学要善于把已学和当堂课要学的知识融进表演的小剧中，如单词、语法、句型等，我校的生本英语骨干教师邓慧芳在给生本英语骨干教师做培训时，她强调在布置前置性小研究时要重视录影带、光盘、点读机的作用，让学生在上课前的前置小研究阶段，就扫清单词、句子障碍，腾出时间在生本课堂中尽量增加各小组之间的活动环节，大表演、大展示、大交流。

总之，生本课堂的学习内容也要更加简化，从而推动学生的思考，要在简单中体现极致，在自然中体现深刻。生本教育创造性地拓展了宋代哲学、经学、理学集大成者朱熹之"小立课程，大作工夫"的认识论观点，又吸收了西方影响深远的教育家杜威的"从做中学"的主体参与思想和心理学家皮亚杰的发生认识论和建构主义理论精髓，中西结合，从方法论的高度创造性地提出了"小课程、大活动、整体感悟"的教育教学指导思想，有理有据，从教育观、课程观、学生观、儿童心理学等理论和理念上为方法论的可操作性、现实性和实现提供了可能。实践证明，生本教育的20字方法论：先做后学、先学后教、教少学多、以学定教、不教而教是可行的，也是教育教学必行的规律。在这一方法论指引下，通过教研员和广大实验教师的努力，各个学科也自成了方法指导体系。

国家《基础教育课程改革纲要》实验已经实施了一个阶段，"为了每位学生的发展"是新纲要实施的目标。但最终的目标是否在学校达成，可能是因校而异。但我们可以坦诚地说，做生本的学校的课堂达到了这一愿景。因为"生本教育"实验者，从超前的理念到领先的实践，正是新基础教育的实践范式。它解决了如何教的问题、如何学的问题，它给予中国教育一个范式，它给予学生一个未来。正如一位资深教育官员说道：生本教育的理念和方法是中国基础教育改革的一个方向。它不仅是理念，还是方法，它给予学生的不只是知识素养，更多的是各种内在、内化了的能力和素质，这些能力和素质也许是我们这个年代的老师也无法达到的，这些能力和素质必将使每个孩子终身受益无穷，这正是我们学校追求"为孩子们的梦想人生启慧培根"办学理念的至高境界。有这样的教育，怎不催人奋进呢？春和日丽，静待花开，生本之路——教育的康庄大道，我们将一路前行。

（摘自《一所城乡结合部学校开展生本教育的实践和思考》（乐理明）2014年发表于《基础教育论坛》05期）

（二）生本激扬生命，教育洒满阳光

骏景小学生本教育2015学年硕果累累

骏景小学从2002年9月开办至今已有15个春秋。在15年的生本教育实践探索中，始终坚持以提升师生的核心素养为核心，以生本教育理念为旗帜，以课堂教学改革为切入点，带动课程、方法以及与之相适应的教育评价体系和管理方法等的彻底变革，走的是让教育植根善慧、激扬生命的办学之路。2015年8月，学校迎来了新的生本掌门人。原一直坚持在城乡结合部学校做生本小有成效的天河区珠村小学的校长乐理明正式担任生本骏景的校长。学校提出了"以学生为本，为生命奠基"的办学理念，确立"善恕慧雅，生生日新"的校训。站在生本的高处，跳出生本做教育，在2015年至2016年，学校各个方面又取得了新的突出的发展，其显著成果如下：

（1）喜获广州市特色学校。

学校以创建广州市特色学校为依托，以课程和教学引领师生发展为重要抓手，深入探索了课程和教学的再造之路。在生本理念的引领下，学校遵循"教皈依学，教少学多"的课堂教学理念。依托学生的生命潜能，激发学生的生命活力，学校因此得到了蓬勃的发展。2015年11月，学校以生本教育为课程特色荣获广州市义务教育特色学校。

（2）教师发展跃上新台阶。

2015—2016年，学校有五位老师入选了前三轮的"广州市百千万名教师"培训；成批的教师应邀到全国其他省市讲学并上示范课，八位老师应邀到天河区上各级各类的公开课；生本课堂吸引了全国10多个省市的学校老师的教育考察、观摩学习。"小学语文组团式教学策略研究""小学高年级经典诵读的导读策略研究"课题在市里立项；《人民教育》杂志继2008年报道我校之后，2010年、2015年都分别刊登了我校教育改革的成果；《人民教育》刊登了我校的两篇文章——《在学习核心之处做文章》《用"简单"换取"极致"》，出版了专著《激扬生命的课堂》（华南理工大学出版社）。

2015年8月30日，乐理明校长引领全校老师做《走进生本教育深水区》的主题培训。

2015年9月15日，我校五年级学生参加区经典诵读大赛。

2015年4月，全国生本研习班的全体老师来我校聆听精彩的数学课。

2016年，学校启动了"我们这样做生本教育丛书"工作。

（3）艺术唱响亚洲。

生本课堂激发学生生命活力的同时，也让学生各方面素养得到全面提升。体育、艺术、棋艺、朗诵等活动在学校普遍开花结果，成批的学生在各级各类的比赛中脱颖而出。

尤其是学校的合唱队应邀参加国际比赛，屡次获得佳绩。2015年7月赴香港参加第三届亚洲国际合唱节，荣获儿童组金奖第一名；2015年11月赴澳门参加国际合唱联盟世界合唱博览会荣获金奖。

2015年7月，我校合唱团赴香港参加第三届亚洲国际合唱节，荣获儿童组金奖第一名。

2015年11月,赴澳门参加国际合唱联盟世界合唱博览会荣获金奖。

2015年6月,在我校毕业已入读耶鲁大学的李思琳同学的带领下,耶鲁清唱团与我校进行了艺术交流。

2016年12月,我校合唱队荣获广州市合唱节一等奖。

(4)生本课堂大放异彩。

一年来,天河区教育局教研室的领导多次深入我校调研指导。区教研室来我校视导后,对我校的课程教学改革给予了极高的评价,同时,在这一年,区教研室多次在我们学校组织语文、数学、音乐教研活动,为兄弟学校提供了观摩交流的平台,展示了骏景小学生本课堂的魅力和成效。2015年10月,全国生本教育理论与实践研修班暨广州市天河区生本教育研讨会在天河召开,骏景小学的生本语文、英语课例在大会上展示,天河区教育局领导、生本研究中心专家、兄弟学校领导、教师对我校的教育教学给予了高度的评价。

2015年10月,全国生本教育理论与实践研修班暨广州市天河区生本教育研讨会在天河召开。我校师生在天河中学展示他们的课堂精彩。

2015年11月,来自全国各地的老师,聆听我们师生的精彩课堂。

2015年10月25日,天河区教研室领导和老师来视导我校的课程改革。

2016年接待生本研究中心组织的各类培训班学员十多次、近千人。

近两年来,学校显著的生本教育办学业绩和办学成效,引起了领导、社会、家长和新闻媒体的广泛关注。广东电视台新闻频道报道了骏景小学办人民满意的教育的典型案例,省教育厅主要领导还做专门点评,使全校师生深受鼓舞。

新的学期,学校新的班子坚持稳中求进的策略,提出查漏补缺、推陈出新,继续总结提升学校生本教育特色,深化学校内涵发展。全体骏景小学师生将凝神共智,朝着把骏景小学建设成师生的花园、学园、乐园、家园和智园的办学愿景,努力办出老百姓身边名副其实的好学校、人民真正满意的好教育、全国生本名校。

(广州市天河区骏景小学　陈天兰)

三、站在高处论生本

(一)教育回家,点亮自己的灯

上学真能改变命运吗?如果答案是否定的,那么,为何还要千秋万代十年寒窗?如果答案是肯定的,那么,为何教育现状却带给我们沉重之伤?其实,只要找到教育回家之路，便能让学习成为人人自我发展的成长幸福。

这样的思考，也让我们回到教育的原点，当今的教育正发生着重大的变革与转型，今日的教育者面临着不断作出改变的压力。教育者是从事教育工作的人，是从事开放的、情景的、文化的、历史的教育活动的人。如何在这个环境的教育活动下做出合理的教育行为是教育者，特别是学校管理者需要思考的根本问题。在这个时候，教育者不能依靠规定，也无法依靠规范化推理，只能依靠融经验与知识于一体的教育智慧以及自己在长期实践中确立的价值追求。无论是教育智慧还是价值追求都离不开教育者（教育管理者）本人的思考，教育管理者需要做教育的思想者。

那么我们今天如何理解教育？理解与新的认知是两码事。教育学词典是这样写的：一般来说，引导人类走向自主和成熟、帮人类激发力量和可能性，帮助其找到自我本性的一切手段以及过程，都可以被称为教育。现在教育又成了能够"引导"和"帮助"人类的"手段"和"过程"。这里的"引导者和帮助者"有父母、教师等，教育不是随意的，只有去从事教育，才能学会教育。只有当人们把"教育"和"成长"联系起来，才能明白"教育"真正的意思。教育即生活，教育即社会，教育即"牵动"，这里的重点是理解学校教育。

教育需要等待，教育需要尊重，教育需要信任。广州市天河区骏景小学坚持十五年之久的教育改革就是教育回家的明灯。

正是上面骏景等生本学校的十多年的探索和实践，找到了适合中国学生吸取营养的教学方式，找到了我们具有本土特色又面向未来的发展之路，这，才是中国教育回家的路。迎着这条路，就会找到教育之家，原来就在我们出发的地方。

（二）回归教育原点的生本教育

1. 教育的原点

当今的教育正发生着重大的变革与转型，今日的教育者面临着不断改革，当我们追溯古今大圣对教育的原点的论述时，我们不妨看一下孔子和苏格拉底的教育思想，他们奠定了中西方教育的基本倾向，并且一致定义了教育的两个原点：德和行。当下我们的学生的品格和德行的问题层出不穷，追根溯源，主要还是我们的课堂出了问题。而实现学生美好德行的目标的根本和有效途径就是我们每天师生共同活动的地方——课堂。如何让我们的课堂焕发出生命的光彩，如何让儿童成为课堂的主体，这是我们从事教育工作的如何在这个环境的教育活动下做出合理的教育行为的人必须思考和实践的问题。

千百年来关于这个问题的讨论经久不衰，但是最具有代表性的观点当属孔子和苏格拉底两位教育先贤的基本看法，因为他们各自的影响带来了中西方日后截然不同的教育观念。

孔子，儒家学派的创始人，是中国私学第一人，作为中国历史上乃至世界历史上伟大的教育家，孔子的教育思想在中国教育史上乃至世界教育史上都产生了重大且深远的影响。孔子的教育思想集中体现在《论语》中，孔子强调："生而知之者上也，学而知之者次也；困而学之，又其次也；困而不学，民斯为下矣。"由此观之，孔子敬慕"生而知之者"，但是其更提倡"学而知之者"，因为孔子对自己的评价是："吾非生而知之者，好古，敏以求知者也。"由此看来，孔子强调自我修持的实践。

苏格拉底，古希腊哲学家，被认为是西方哲学的奠基者。苏格拉底提出"美德即知识"，即苏格拉底认为各种自然知识是不可靠的，只有人与人之间的有关知识才是最可靠的、最有用的。同时，他强调理性的作用，认为人应当依靠内心世界的"灵魂之眼"去了解事物、发现真理，而不能依靠人的"肉体感官"。因此，苏格拉底毕生都在践行自己的信仰，并以其自创的"助产术"帮助他所能帮助的人，即使最终献身。

总体看来，孔子比较注重后有的知识，一个人的知识需要从别人那里获得，因此，教育的作用也就是向人灌输知识；苏格拉底比较注重自有的知识，一个人的知识最初来自于他自己的心灵，因此，教育的作用就是把人们心灵中的知识启发出来。从两者教育思想的侧重不同来看，如果追根溯源起来，当今中国传统教育提倡尊师重道，当代西方文化教育崇尚个人探索，确实有其深刻的历史渊源。不过更重要的是，笔者认为虽然孔子和苏格拉底的教育思想奠定了中西方教育的基本倾向，但是两者教育思想的核心无不一致地定格在两个基本要点：德和行。具体分析，孔子的教育思想以"仁"为核心，注重各种伦理活动的展开；苏格拉底的教育思想以"善"为核心，专注各种智性活动的深入。由此笔者认为，德和行就是教育的原点。[①]

一直以来，我们的学校都在探索教育的核心本质。培养学生的德行靠什么？靠教育的原点是育人，教育要回归原点就是要顺应"以生为本"的理念，把促进学生的发展及其生活的完善作为一切教育活动之根本。尊重并根据人的自然成长规律及其他教育规律来满足学生的教育所需、促成其发展正是基础教育的起点、过程以及终点均蕴含的基本理念与精神。要理性地回归教育原点，无论

---

① 鲁洁. 教育的原点：育人 [J]. 华东师范大学学报：教育科学版，2008（12）：15-22.

靠生硬的说教，还是靠刚性的制度，肯定不行。要培养的德行就是要回归到教学的原点，这就是课堂，课堂不变革，教育就不会有大的变革。所以，我们要立足课堂的改革，让教育回家，点亮自己的灯。

《教育回家》是北京小学原校长吴国通最近的力作，他在书籍的封面上的这句话值得我们教育人思考：上学真能改变命运吗？如果答案是否定的，那么，为何还要千秋万代十年寒窗？如果答案是肯定的，那么，为何教育现状却带给我们沉重之伤？其实，只要找到教育回家之路，便能让学习成为人人自我发展的成长幸福。①

试想一下有这样一所学校——"在那里，爬树和搭个小窝的重要性绝不亚于分数。在那里，如果想的话，你可以冲着老师大喊大叫。在那里，规范日常生活的各项规定是由大家一起民主协商的。在那里，如果孩子想的话，他们可以整天玩耍……"看到这里，我想大多数的教育工作者与家长都会认为这大概是孩子们幻想中的学校。事实上，它却是一所真实的英国学校，而且已经存在了近百年，它就是英国的夏山学校。②该校的校长尼尔被评选为20世纪最具影响力的12位教育家之一。这样的学校就是家庭的延伸，就是孩子天性的自然释放，教育就是要回家。

那么我们今天如何理解教育？理解与新的认知是两码事。教育既是一切，又是虚无。教育学词典是这样写的：一般来说，引导人类走向自主和成熟、帮助人类激发力量和可能性，帮助其找到自我本性的一切手段以及过程，都可以被称为教育。解释清楚了吗？现在教育又成了能够"引导"和"帮助"人类的"手段"和"过程"。这里的"引导者和帮助者"有父母、教师等，教育不是随意的，只有去从事教育，才能学会教育。只有当人们把"教育"和"成长"联系起来，才能明白"教育"真正的意思。教育即生活，教育即社会，教育即"牵动"，这里的重点是理解学校教育。③

教育需要等待，教育需要尊重，教育需要信任。从终身发展的眼光来看，一个孩子除了适应社会、学校、家长期望带来的学习要求和压力，我们更希望他们能最大限度地找回从内心激励他们的学习动机，能学会自信地生活、发挥自己的创造力，来为他们一生的幸福感奠定基础。

2. 回归教育原点的生本教育

---

① 吴国通. 教育回家 [M]. 北京：中国发展出版社，2015（9）第一版，封面反面题跋.
② [英] 马克·沃恩. 夏山学校的百年故事：献给当代的教师、校长和家长 [M]. 北京：教育科学出版社，2014（12）：1-2.
③ 韦尔纳·劳夫. 理解教育 [M]：62.

不论是西方的学校，还是中国的学校在这方面都有很好的实践。"让学校来适应孩子，而不是让孩子去适应学校"。这是英国的夏山学校的办学信念。夏山学校的办学经历了百年的实践就回答了释放学生的自然天性对孩子的重要作用，这就是学校基于对孩子善良天性的信任所坚持的办学理念。

"以学生为本，为生命奠基"。这是笔者学校的办学理念。事实上，对于中国的以生为本，即教育要以学生为本并关注、满足每位学生的个体发展及需要，且应当把学生的根本利益视作一切活动的出发点与落脚点。① 通过对芬兰学校发展理念和教师群体特征的把握与分析，不难发现：尊重并推崇以生为本是该国基础教育核心理念的基本要义之一。

10多年的生本教育实践，我们深深地感到生本教育之花已然绽放在学校的每个角落，提高了广大师生的综合素质，积淀了师生的文化底蕴，进而提升了学校的教育品位，使得学校真正成为孩子们成长的乐园、教师们的精神家园。

十年树木，百年树人，教育的根本目的就是面向学生未来的发展。近在中高考，远在一生。生本班的学生底蕴深厚，贵在后发优势逐渐明显。2016年广州中考的前十名中有四名（包括状元）来自笔者学校的毕业生，这是笔者学校这些年坚定而又纯粹地做生本教育的必然结果，这绝对不是偶然，作为一个身在其中的老师，深深知道，这种教育，这种植根于师生深处的生本教育理念，带给学生的必将是更广阔的前景，必将迎来更为绚丽的教育春天。

生本教育创造性地拓展了宋代哲学、经学、理学集大成者朱熹之"小立课程，大作工夫"的认识论观点，又吸收了西方影响深远的教育家杜威的"从做中学"的主体参与思想和心理学家皮亚杰的发生认识论和建构主义理论精髓，又体现了中国师圣孔子和西方大哲学家苏格拉底的思想，中西结合，从方法论的高度创造性地提出了"小课程、大活动、整体感悟"的教育教学指导思想，有理有据，从教育观、课程观、学生观、儿童心理学等理论和理念上为方法论的可操作性、现实性和实现提供了可能。实践证明，生本教育的20字方法论"先做后学、先学后教、教少学多、以学定教、不教而教"是可行的，也是教育教学必行的规律。在这一方法论指引下，通过教研员和广大实验教师的努力，各个学科也自成了方法指导体系。②

3. 回归教育原点的现实思考

回到现实的思考，我们可以从教学的宏观和微观两个方面进行思考：

---

① 常华锋. 生本教学论［M］. 北京：首都师范大学出版社，2012：19.
② 乐理明. 基础教育论坛［J］. 辽宁：辽宁教育出版社，2014（5）：20-21.

（1）宏观视角。

当下社会，随着中国开放程度的不断提高，各种教育形式层出不穷，学生和家长看得眼花缭乱。我们教育行政部门也很茫然，大众的需求，个体的需要把我们的教育捆绑到一个不能自拔的境地，尽管我们知道不能那么做，但是又无能为之。但是，起码基础教育的小学可以做到。因为没有考试的压力，如果我们能真正把握教育的原点，抓住教育的主题，那么即使教育形式五花八门，我们也可以从自己的切身需要出发来思考和选择。不同教育理念的本质目标都在于受教育者的技能提高和人格培养。所以，选择何种教育形式并不是关键，在看清教育本质任务和本质作用的前提下，根据自己的实际情况选择具体的教育形式才是重点。

（2）微观视角。

笔者在从事近30年的教育和管理的过程中，接触过很多的学生和家长。很多时候，一方面学生在拼命地学习，各种考试、各种补课，他们大多很茫然，刚开始还有干劲，后来渐渐失去动力；另一方面家长在拼命地挣钱，给孩子最好的学习条件，所谓"不要输在起跑线上"。如果我们能真正把握教育的原点，抓住教育的主题，那么我们都应该回到一个根本问题：我需要自己或者孩子成为怎样的人？看看当下，有好多的孩子把特长技能学了无数，可是连基本的做饭、洗衣都不会；有好多的家长让孩子得到了所谓最完整的教育，但是我们总能从其家庭生活中听到各种不和谐的声音。特别是遇到挫折和与人相处中表现出的自私和怯懦，我们应该明白：教育的第一本职任务是让所有受教育者学会生存；教育的第二本职任务是让所有受教育者明白生活。

由此可见，我们的教育应该警醒了，我们教育培养的目标，我们课堂教学的方式，都决定着我们培养什么样的人，就像夏山学校培养的理念那样，我们宁愿培养有善心的清洁工，也不要培养呆板的学者。因为健全的人格和品性比什么都重要。正是上面笔者学校等生本学校的十多年的探索和实践，找到了适合中国学生吸取营养的教学方式，找到了我们具有本土特色又面向未来的发展之路，这才是中国教育回家的路。不忘初心，从原点起航，迎着这条路，就会找到教育之家，原来就在我们出发的地方。

4. 结语

"以生为本"与"回归教育原点"在教育逻辑上是顺承、一致的关系，以生为本为先，而后方能真正做到理性地回归教育原点。由此可以总结：生本教学主要依靠学生的学，而不是教师的教；学生是天生的学习者，而不是一张白纸让我们涂抹最美的画；建立在美好学习生活上的德育才是最好的德育。

简单、质朴却洋溢着爱和温暖,这是教育改革特质的生本教育,仿佛也是我国基础教育发展方向冀望的浓厚回味。以生为本地回归教育原点,这是生本教育经验的精髓。①

(摘自作者广州卓越校长班北师大脱产学习结业论文)

---

① 俞婷婕. 以生为本地回归教育原点:芬兰基础教育理念刍议[J]. 浙江师范大学学报,浙江:浙江师范大学出版社,2015(1):94-95.